コミュニケーション発達の理論と支援

藤野 博 編著

シリーズ
支援のための発達心理学
本郷一夫 監修

金子書房

シリーズ刊行にあたって

　近年，障害の確定診断の有無にかかわらず，様々な支援ニーズをもつ子どもや大人が増加している。また，そのような人々に対する多くの支援技法も紹介されている。しかし，ある人に対して「うまくいった」支援技法を他の人に適用しても必ずしもうまくいくとは限らない。また，支援直後に「うまくいった」ように見えても，その後の人生にとってその支援が効果的であるかはわからない。重要なことは，表面的な行動の変化ではなく，その人の過去から現在に至る生活の理解に基づいて，その人の現在と未来の生活に豊かさをもたらす支援を行うことであろう。すなわち，人の発達の理解に基づく発達支援である。

　そのような観点から，シリーズ「支援のための発達心理学」は企画された。本シリーズは，人が抱える問題の理論的基礎を理解するとともに，それに基づく具体的支援方法を学ぶことを目的とした。その点から，次の2つの特徴をもつ。第1に，単なる支援技法としてではなく，発達心理学の最新の知見に基づく支援のあり方に焦点を当てている点である。第2に，各領域の発達は，その領域の発達だけでなく，他の領域の発達と関連しながら起こるという機能間連関を重視している点である。

　現在，発達支援に関わっている心理士・教師・保育士，これから支援に関わりたいと思っている学生・大学院生などの方に，本シリーズを是非読んでいただきたい。そして，それが新たな支援の展開と支援方法の開発につながっていくことを期待している。

　最後になったが，このシリーズの出版の機会を与えていただいた金子書房，また迅速で的確な作業を進めていただいた担当の加藤浩平氏には深く感謝の意を表したい。

2018年2月

シリーズ監修　本郷一夫

Contents

シリーズ刊行にあたって　i

第Ⅰ部　総論

第1章　コミュニケーションの発達心理学
.... 藤野　博　2

第Ⅱ部　理論編

第2章　言語獲得理論
.... 小林春美　10

第3章　コミュニケーションの発達を支援するための基礎理論
.... 長崎　勤　20

第4章　共同注意と発達語用論
.... 松井智子　31

第5章　心の理論と社会的コミュニケーション
.... 藤野　博　41

第Ⅲ部　実践編

第6章　遊びを通したコミュニケーション支援
　………………………………………………小山　正　52

第7章　話し言葉の発達と支援
　………………………………………………大伴　潔　63

第8章　読み書きの発達と支援
　………………………………………………高橋　登　73

第9章　仲間関係の発達と支援
　………………………………………………本郷一夫　83

第Ⅳ部　トピックス

第10章　自閉スペクトラム症児のナラティブの特徴
　………………………………………………李　熙馥　94

第11章　自閉スペクトラム症者同士の共感性
　―― 物語理解に基づく検討
　………………………………………………米田英嗣　102

第12章　手話と聴覚障害児のコミュニケーションの発達
　………………………………………………高嶋由布子　109

第Ⅰ部

総論

第Ⅰ部　総論

第1章 コミュニケーションの発達心理学

藤野　博

　発達心理学の研究は発達支援の実践に深く関わってきた。本章ではコミュニケーションや言語に関係する代表的な発達心理学理論と支援の関係について概観する。

1　子どもの発達と支援における遊びの意義

　発達支援への心理学の貢献としてピアジェの理論をまず挙げることができる。なかでも，認知発達における遊びの位置を示したことと象徴機能の発達について理論化したことは重要な貢献であろう。認知発達の基本的な原理をピアジェは「同化」と「調節」という2つの軸から説明した（Piaget, 1948/1983）。平易にいえば，同化とは外界を自分の中に取り込むことで，調節とは外界に自分を合わせることである。ピアジェによると，同化の働きは遊びに，調節の働きは模倣にその典型を見ることができる。遊びと模倣は子どもの内的世界を創造し，それを拡大する推進力になるという考えである。遊びと模倣に向かうこの自然な傾向を活用することが発達促進のポイントとなる。遊びたくなる場面づくりや模倣したくなる関わり方，振る舞い方が支援者の腕の見せ所であり，それは発達支援の基本といえる。

　ピアジェの発達段階説も発達支援のマイルストーンになっている。とくに象徴機能の発生はコミュニケーションや言語の発達に深く関わっており，臨床的な発達指標として重視されている。象徴機能とはあるものを別のものによって表現する心の働きであり，生後2歳頃までの感覚-運動期の終盤に発生する。それはことばの発達を支える重要な認知基盤であり，ふりや見立てなどの象徴遊びにその働きが現れる（Piaget, 1945/1988）。象徴遊びは子どもが生活の中で

体験したことを想像の中で再体験する活動である。ことばの意味は表象によって支えられているため，表象形成活動であるふり遊びはことばの土台を形成する。ピアジェの理論に基づく発達支援については第6章で解説されている。

また，ピアジェの発達理論は太田・永井（1992）によって開発された知的障害を伴う自閉症の子どもに対する「認知発達治療法」と呼ばれる指導法の基盤にもなっている。この指導法は特別支援学校の授業で広く取り入れられている。

2　発達の最近接領域と「足場かけ」

発達を個体の側から検討したピアジェに対し，ヴィゴツキーはコミュニケーションの側から検討した（ヴィゴツキー，1934/1962）。両者の違いは子どもの独り言をどう捉えるかにみることができる。ピアジェは，独り言を意味のない自己中心的言語として発達の未熟さの現れとしたのに対し，ヴィゴツキーは他者の言語を自己の行動調整に役立てている現象としてみた。子どもの独り言は，もとは子どもの活動を助けるために大人がかけたことばであった。そのことばに従って子どもは行動し目的を達する。次いで，ことばをかけられずとも，自分でそのことばを想起できるようになる。そして自分が発したことばに従って自力で目的を達成できるようになる。やがてそのことばを想起するだけでできるようになる。ヴィゴツキーはそのようなプロセスを「外言」から「内言」へ，精神間的機能から精神内的機能へ，と表現した。

そのように子どもは大人や年長者からの援助に支えられて発達していく。子どもの発達には，自力でできること，他者からの援助があればできること，他者からの援助があってもできないこと，のようないくつかのレベルがある。自力では難しくとも大人からの援助があれば達成できるレベルは最適の発達目標になるとヴィゴツキーは考え，自力でできることよりも一歩先の，援助があればできるレベルを「発達の最近接領域」と名づけた。

また，ヴィゴツキーは遊びの発達的な意義を強調しており，遊びは発達の最近接領域を創造すると述べている（ヴィゴツキー，1933/1989）。遊びのなかで子どもは背伸びをし，実生活でできる以上のことを行おうとする。大人がその際に子どもの背伸びを手助けするモデルやナビゲーターになるわけであり，そ

こに年長者とともに行う遊びの発達的な意義がある。子どもが背伸びをしたくなる遊びの場面をどう作るか，その背伸びをどう支えるか，が重要な支援ポイントとなる。観点は異なっていても遊びの発達的な意義を重視した点においてピアジェとヴィゴツキーの考えは一致している。

ヴィゴツキーの理論はその後の発達心理学に多大な影響を与えた。今日の発達支援理論の多くはそのパラダイムのうえに打ち立てられたものといっても過言ではない。そして，ヴィゴツキーの最近接領域の理論に光を当て，具体的な支援方法論として発展させ，今日の発達支援理論の基盤を築いたのはブルーナーであった。ブルーナーは，子どもが自力ではできないが大人の助けがあればできる発達の最近接領域における援助行為を「足場かけ（scaffolding）」と名づけた（今井, 2008）。足場かけは，子どもが自分ひとりでできることよりも少しだけ難しいレベルの課題を達成できるよう手助けすることである。手助けがあればできることは何か，どのような手助けがあればできるかをよく見極め，必要な援助をしながら子どもの学びを助けることがポイントとなる。ヴィゴツキーの理論を支援の実践レベルの小回りの利く概念に具体化したことがブルーナーの功績といえよう。ブルーナーの理論は第3章で詳しく解説されている。

ヴィゴツキーの言語による行動調整の考え方はルリヤによって実験的に検証され「実行機能」の概念の源流にもなった（前田, 2007）。実行機能は他者による行動の制御を内面化する点でヴィゴツキー的な意味でのコミュニケーションに支えられた心理機能だともいえる。

3　認知からコミュニケーションへ

ピアジェの認知発達理論はベイツによってコミュニケーション発達に関係づけられた（Bates, 1979）。感覚-運動期の認知発達はコミュニケーションの観点から捉え直すことができ，手段-目的関係が理解できると，指さしなど伝達という目的を達成するための手段として行動することができるようになるという考えである。たとえば，指差しによる伝達は，指で差す行為（手段）によって差される対象（目的）に他者の注意を向けさせるという構造をもっている。そして，それは意図的コミュニケーションの芽生えであり，次に述べる共同注

意に関係する。

　意図的なコミュニケーション行動は生後9〜10か月頃から現れる。この頃に子どもは視線や指さしや身振り等の手段を使って相手に向けて自分の意思を伝えるようになる。伝達行動に意図性があるかどうかは，たとえば欲求対象である物とその欲求をかなえてくれる相手を交互に見ることや相手の反応に応じて行動を変えることなどから判断できる。子どもは自分の行為が相手に影響を与え相手を動かすことができ，それによって自分が望んだ結果を得ることができるという因果関係に気づく。コミュニケーションの効力への気づきを促す「インリアル・アプローチ」のような発達支援法はベイツの理論が基盤のひとつになっている。ベイツの理論は第3章で解説されている。

4　共同注意の発達と社会的認知

　意図的コミュニケーションの発達の前提となるのは手段-目的関係の理解のような認知の発達とともに共同注意と呼ばれる心理機能である。共同注意の概念はスケイフがブルーナーとともに行った共同注視の研究とともに始まり（Scaife & Bruner, 1975），トマセロによって発展した（Tomasello, 1999/2006）。共同注意とは相手が何に注意を向けているかがわかり，相手が注意している物に自分の注意を合わせたり，自分が注意している物に相手の注意を向けさせたりすることをいう。指さしに応じることや指さして伝えることなどは共同注意の働きによる。共同注意の発達は生後9か月頃から始まり，大人が注視している物や指差している物に視線を向ける行動として現れる。大人と物を交互に見る行動は共同注意の明確な現れである。共同注意は他者を意図的行為の主体として理解することに関係し，社会的認知や心の理論の初期形態と考えられている。トマセロは他者の視点は共同注意の機能によって内面化されると考えているが，それは精神間機能の精神内機能への移行を意味しておりヴィゴツキー理論の発展型といえる。

　パラレルトーク（代弁）のようなモデリングに基づく言語発達支援技法は，子どもの注意の焦点を支援者がモニターし，注意が向けられている対象や活動を言語化して示す方法であり，共同注意の機能を活用するものと考えられる。

表1-1　ごっこ遊びの中でのやりとり

【1回目】
大　人：ピンポーン。こんにちは
子ども：こんにちは
大　人：ジュースをください
子ども：はーい（コップにジュースを入れるふりをする）
大　人：（出してくれたジュースを飲むふりをし）あーおいしかった。おいくらですか？
子ども：（ちょっと考えて）2000えん
大　人：まあ、たかいのね（とお金渡すふりをする）
子ども：（お金をもらい、レジに入れるふりをする）
大　人：ごちそうさま。さようなら
子ども：さようなら

【2回目】
大　人：クリームソーダできますか？
子ども：（考え込む）
大　人：アイスクリームあったよね？
子ども：あ！（とソーダを入れるふりをした後に、アイスを入れるふりをする）
大　人：（飲んだふりをして）あーおいしかった。おいくらですか？
子ども：（ちょっと考えて）200えん

【3回目】
大　人：何がありますか？
子ども：フルーツもありますよ
大　人：ジュースにフルーツを入れてください
子ども：（フルーツを入れたり氷を入れたりした後混ぜるふりをする）

【4回目】
子ども：こうたいして（自分がお客になりたいという意味）
大　人：いいよ
子ども：ピンポーン
大　人：はーい。いらっしゃいませ。
子ども：ソーダください。フルーツも乗せてね
大　人：（フルーツを入れたソーダを出すふりをする）どうぞ
子ども：（飲んだふりをし）あーおいしい。いくらですか？
大　人：500円です。
子ども：（お金を渡すふりをする）さようなら
大　人：さようなら

共同注意やトマセロの理論は第2章，第3章，第4章で解説されている。

5 ことばの社会的使用に向けて

　新たな語や文型の学習は，子どもがよくなじんだ見通しのもてる場面や活動の中で行うと学びやすくなる。スクリプトとはそのようなルーティンになった行為や出来事についての表象や知識のことである（Nelson, 1986）。スクリプトは語に意味を与える文脈を提供し，新たな語を学ぶための足場となる。スクリプトについては第3章で解説されている。

　ごっこ遊びの中ではスクリプトがよく使われる。大人が子どもと一緒に遊ぶ中でモデルを示すことで言語の社会的な使用法が学ばれる。遊びの中での大人の問いかけや見本となる発言などがその足場となる。ひとつ例を示そう。表1-1（前頁）は3歳台の女児が大人とともにミニチュアの玩具を使ってお店屋さんごっこをして遊んでいる場面である。同じスクリプトでの遊びが繰り返し行われた。1回目は大人が客として子どもに注文したり質問したりすることで遊びをリードしている。2回目には子どもに少し考えさせる場面を作っている。3回目にはオープンな質問をし，子どもから新しいセリフを引き出している。4回目になると，子どもは大人と役割を交替しているが，それまでに大人が発したセリフを自らのセリフとして再現している。大人とのやりとりの中で子どものスクリプトが拡張され，大人の発言をモデルとして，ことばの使い方を学んでいる様子が見て取れる。この場面においては，お店屋さんスクリプトによってごっこ遊びが展開し，大人は話題を共有しながら足場かけになる質問をし，子どもはそれに応答し，さらに「背伸び」をすべく大人の発話を模倣している。

　ことばの社会的使用を促進するため，スクリプトを用いたコミュニケーション発達支援は広く実践されている（長崎ら，1998）。

【文　献】

Bates, E. (1979). *The emergence of symbols: cognition and communication in infancy*. New York: Academic Press.

Bruner, J.S. (1988). 乳幼児の話しことば（寺田　晃・本郷一夫, 訳). 東京：新曜社. (Bruner, J.S. (1983). *Child's talk: learning to use language*. London: Oxford University Press.)

今井康晴. (2008). ブルーナーにおける「足場かけ」概念の形成過程に関する一考察. 広島大学大学院教育学研究科紀要　第一部, 57, 35-42.

前田明日香. (2007). 行動調整機能における研究動向とその課題：Luriaの脳機能モデルへの発達論的アプローチの可能性. 立命館産業社会論集, 43 (3), 79-98.

長崎　勤・宮崎　眞・佐竹真次・関戸英紀（編著). (1998). スクリプトによるコミュニケーション指導. 東京：川島書店.

Nelson, K. (Eds.). (1986). *Event knowledge*. Hillsdale: Lawrence Erlbaum Associates.

太田昌孝・永井洋子. (1992). 自閉症治療の到達点. 東京：日本文化科学社.

Piaget, J. (1983). 知能の誕生（谷村　覚・浜田寿美男, 訳). 京都：ミネルヴァ書房. (Piaget, J. (1948). *La naissance de l'intelligence chez l'enfant*. Paris: Delachauxet Niestlé.)

Piaget, J. (1988). 遊びの心理学（大伴　茂, 訳). 名古屋：黎明書房. (Piaget, J. (1945). *La Formation du Symbolechez l'enfant*. Paris: Delachauxet Niestlé.)

Scaife, M., & Bruner, J. (1975). Capacity for joint visual attention in infant. *Nature*, 253, 256-266.

Tomasello, M. (2006). 心とことばの起源を探る：文化と認知（西村義樹・大堀壽夫・中澤恒子・本多　啓, 訳). 東京：勁草書房. (Tomasello, M. (1999). *The cultural origins of human cognition*. Cambridge: Harvard University Press.)

ヴィゴツキー, L.S. (1962). 思考と言語（柴田義松, 訳). 東京：明治図書. (原著は1934年刊)

ヴィゴツキーL.S.他 (1989). ごっこ遊びの世界：虚構場面の創造と乳幼児の発達（神谷栄司, 訳). 東京：法政出版. (原著は1933年刊)

第Ⅱ部

理論編

第Ⅱ部　理論編

第2章　言語獲得理論

小林春美

1　はじめに

　目の前の子どもが抱えているコミュニケーションや言語に関する問題を考察するとき，言語獲得理論の知識をもつことにより，広い視野から支援のための手がかりを得ることができる。本章では言語獲得を説明する重要な理論として，社会語用論的アプローチ，生得的アプローチ，統計的学習の3つを取り上げる。

2　社会語用論的アプローチ（socio-pragmatic approach）

　1歳ぐらいの幼い子どもが何かに対し少しおぼつかないながらも指さしをし，「あっ」などと発する様子は，実に可愛らしいと感じるものである。この際，親などの養育者が的確に子どもの注意の対象物を推測し，対象物と子どもの顔を交互に見ながら「あ，犬がいるね，可愛い犬だねー」などと発すると，対象物とことば（ここでは「犬」）が結びつき語彙獲得が促進されやすくなる。社会語用論的アプローチとは，こうした日常の何気ない子どもと大人のやりとりの構造やメカニズムの分析を中心とし言語獲得を捉えようとする試みであり，子どもが他者と相互作用をするなかでことばと概念の結びつきを学ぶことを重視する説である。分析では言語情報のみならず，視線・指さしなど非言語情報も含まれることが多い。なお，語用論とは，言語の4要素とされる「音声」「語彙」「文法」「語用論」のうちの一つであり，社会的状況に合わせた言語使用ということができる。実際には，音声・語彙・文法「以外」の言語にかかわることすべてとも言え，非言語情報までも含む幅広い概念を指す。

　社会語用論的アプローチで重視されるのは，共同注意の成立と，他者意図の

理解である。話し手が聞き手に対し,「今私はあなたに,あなたにとって重要な何かの情報を伝えますよ,よく聞いてくださいね」という意図(伝達意図)を伴って何らかの情報を伝えるときに行われる,意図明示的コミュニケーション(ostensive communication:直示コミュニケーションとも言う)(Sperber & Wilson, 2012)が重要とされる。大人により提示される意図明示的コミュニケーションの手がかりは,周囲の環境へどう子どもが注意するかに影響を与える。ここでの手がかりとは,伝達意図を提示するような,伝えたい意図が明らかにできる視線,指さし,音声を発する,など言語・非言語情報である。Senju & Csibra(2008)は,意図明示的／非意図明示的なコミュニケーションの状況で,生後6か月の子どもの事物への注視が異なっていたことを示した。女性が子どもにアイコンタクトを行い,その後事物の方を見た場合では,アイコンタクトをしなかった場合に比べ,子どもは女性が見た事物を,より長く注視したことがわかった。乳児においては,アイコンタクトが,「これから私はあなたに意図明示的コミュニケーションを始めますよ」というシグナルとして働き,他者の意図に注目することができる。このことは,乳児は環境への自らの注意のしかたを変え,ひいては環境の状況に関し随伴的に発せられた発話にも気づきやすくなることを示唆している。はたして子どもは,大人が自分を見た後に発した「あ,犬がいるね」という発話を,大人が見ていて,自分も見た対象物

図2-1 子どもの指さしの社会性を検討した実験
(Liszkowskiら(2004)の論文を参考に作成。イラスト:東宮祥子)

に結びつけやすくなると考えられる。

　9か月以降，子どもは共同注意の成立を自ら積極的に推進しようとするようになり，11か月以降に指さし行動が増加する傾向になる。Liszkowskiら（2004）は12か月児にパペットが飛び出したところを見せ，子どもが実験者に対して指さしをするかを調べた（図2-1）。実験者は，1）パペットと子どもを交互に見て「わお！」などと言って反応する，2）パペットは見ず子どもだけを見て「楽しそうね」と言う，3）パペットだけを見て何も言わない，4）子どももパペットも見ない，のいずれかの反応をした。すると2）の条件で，子どもは最も頻繁にパペットに対して指さしを行うことがわかった。子どもは単に大人の反応を求めて指さしをしたのではなく，見て欲しい物を大人が見ていないから指さしをしていた。この実験から，子どもの指さしには早い時期から他者と同じものに関して「共感したい」という社会的意図を確認できると言える。

● **意図共有と語彙発達**

　Tomaselloは，意図明示的コミュニケーションの手がかりを広く捉え，さまざまの大人の行動を統制している大人の「意図」を読みとることこそが，ことばの意味獲得のために重要であると考えている。冒頭で示した，子どもの注意対象物に対してラベルづけを行うことは，意図共有を容易に明確に行う点で効果的である。

　しかし実は目の前の事物に対し直接ラベルづけが行われることだけで語彙獲得が行われるわけではない。Tomasello & Haberl（2003）の実験では，幼児は他者が特定の情報を知らないことに気づくことができ，そのことがことばの意味解釈に繋がる場合があることを示している。彼らの実験では，まず実験者2人が幼児と2個のおもちゃで遊ぶ。しばらくしてうち1人の実験者が部屋を退出する。その実験者がいない間に残っていた実験者は新しいおもちゃ1個を加え，3個のおもちゃで子どもと遊ぶ。遊んでいるところに先ほど退出した実験者が戻ってきて，驚いた表情を示し「あら，すてきね！　それをくれる？（"Woo! Cool! Can you give it to me?"）」と子どもに言う。すると，子どもは退出した実験者の知らないおもちゃを先ほどの発話をした実験者に正しく手渡すことができた。なお，この能力は生後12か月で萌芽を示し，18か月までには十分可能で

あったという。これは別の実験で「トーマ」のような無意味語を使って実験者が「トーマをちょうだい」と言っても同じ反応であった。

ではなぜ子どもは「トーマ」という語が一度も事物と結びつけられて提示されることがなくても理解できたのだろうか。ここには、「戻ってきた人が驚いた顔をしたのは、新たな事物が加わっていたからであり、人は一般に新しいものを見ると、驚いたり特別に注意を払う」という、人に関する知識の関与が予想される。よって、「すてきね、（トーマを）ちょうだい」と言っているのは、たとえ魅力的であっても以前一緒に遊んで十分わかっているおもちゃについて述べているのではなく、新たに加わったおもちゃであり、現在発話者が関心を持っているはずのおもちゃについて述べているのだ、と推測することになる。

● **文法における社会語用論的アプローチ**

文法発達に関する社会語用論的アプローチでは、次に述べる生得的アプローチのような、基本となる文法カテゴリーが生得的に脳に備わっているというような考えは取らず、環境における経験から名詞、動詞などの文法カテゴリーが作られるとしている。Tomasello（2003）は、いくつかの決まったパターンの複数の文中で出現する語が、同様の機能を持つと子どもが推測することにより、結果的にその語が属するVERB（動詞）などの文法カテゴリーが出現する、としている。たとえば"I can kick you."と"I can see you."という文に出会った子どもは"I can X you."という形式の構文を獲得するが、ここでXという項が発達しつつあるVERBの項となる。動作を示すkickも、動作とは言いにくいseeも、同様の機能を示し文型の同じ位置（スロット）で出現する点で同じカテゴリー、すなわち抽象的な文法カテゴリーであるVERBに属すると判定されることになる。

さらにTomasello（2008）によれば、各構文はそれを発した人の意図を推測することにより、ある特定の意図を伝えられるような文として、いわば文型と意味はセットとして獲得されると述べている。たとえば「花子が太郎をおもちゃでたたいたら、おもちゃが壊れた」という同一の事象について「花子が太郎をたたいた」「太郎が花子にたたかれた」「花子がおもちゃでたたいた」「おもちゃがこわれた」などいくつもの文を作ることができるが、「誰がぶったか」

あるいは「誰がぶたれたか」「何でぶったか」「何がこわれたか」など，話し手が強調したいことが異なることに対応した，それぞれ異なる文型を子どもは学ぶとする。当然NOUNもVERBも異なる文型の異なる位置で出現するが，そうした異なる文をまたいで結果的にNOUNやVERBの文法カテゴリーもその用法とともに獲得されることになる。Tomaselloはこの文法発達の理論を用法ベース（あるいは使用基盤）アプローチ（usage-based grammar）と呼ぶ。

3 生得的アプローチ（nativist approach）

生得的とは「生まれつき」ということばとほぼ同義で，遺伝的・生物学的にある能力が脳に準備されていることを意味することばである。しかし生まれつきと言っても必ずしも誕生時にある能力が発現するとは限らないことは，言語の出現が一般的には1歳ごろとされていることからも明らかである。生得的システムは成熟に伴って外界からの情報入力を受けながら成長するものである。つまり大人からの入力は必要であるが，生得的アプローチでは入力に関する議論はあまり行わず，脳に備わっている特徴を重視する傾向が強い。

語彙学習における生得的アプローチとして，制約・仮説の理論が重要である。制約・仮説理論では，子どもが脳に備えているとする，ことばと概念を結びつけるための一種のルールを重視する。1歳半ごろから始まるとされる語の爆発的増加期には，子どもは素早く語を学ぶための何らかの特別な原理を使っているのではないかとの発想から，Markman（1989）は語彙獲得の初期でも使え，かつ語と意味カテゴリーのマッピング（関係づけ）に役立つ3つの「仮説」である「事物全体仮説」（whole object assumption），「カテゴリー仮説」（taxonomic assumption），「相互排他性」（mutual exclusivity）を提案した。「事物全体仮説」は，ある事物が示され，ことばが与えられたら，そのことばはその事物の「全体」に関するラベルである，とする仮定である。この「カテゴリー仮説」により，ことばは，その事物が属するカテゴリーの名称であるという予測を立てることができる。「相互排他性」とは，それぞれのカテゴリーの外延（ことばの適用範囲）は相互に排他的であって重なることはない，という仮説である。たとえば，ある動物が「犬」というカテゴリーに属するとする。

この動物は,「猫」のカテゴリーに属することはない。1つの種類の事物にはただ1つの名詞が存在すると考える。「犬」かつ「猫」のカテゴリーは存在しないのである。

　Markmanらは実験により事物全体の名称（たとえば「魚」）を知っている場合は，事物の部分（たとえば「背びれ」）を提示されたときにその部分の名称を学びやすいことを示した（Markman & Wachtel, 1988）。これは，事物全体制約と相互排他性の2つを利用することにより可能となっているという。

　さらにMarkmanは事物全体制約と相互排他性を同時に使用することによって，初語期に見られる，ことばの意味を成人よりも広い範囲で解釈して使用する過大般用（四つ足動物をすべて「ワンワン」と呼ぶなど）が修正される，と述べている。たとえば，ある動物を「ワンワン」と学んだ1歳台の子どもが，犬のみならず，猫，馬，羊なども「ワンワン」と呼ぶことはよくある。が，親がある動物を示して「ニャンニャン」と教えたとすると，この「ニャンニャン」は事物全体仮説によりその動物自体の名称と考える。すると，「ワンワン」と思っていたある動物のカテゴリー（猫）に「ニャンニャン」がもう一つの名前としてつくことになる。しかし，これでは1つの事物に2つの異なる名前がつくことになり，相互排他性に違反してしまう。そこで，相互排他性に違反しないよう，「ワンワン」カテゴリーから「ニャンニャン」カテゴリーが独立することになる，としている。

　ところで制約，原理，仮説は，成人の語彙体系の中では正しくない。たとえばあらゆる事物において，上位カテゴリー（「家具」），基本カテゴリー（「イス」），下位カテゴリー（「食卓イス」）のように1つの事物が2つ以上の名称を持つことが可能であるが，これは「1つの種類の事物には1つの名称だけがある」という相互排他性に違反する。子どもはもし語彙獲得の初期に本当にそれを使うのなら，いつかはそれを廃棄しなければならない。針生（1991）は，3歳から5歳にかけて文脈への感受性が強まり，相互排他性を廃棄できるようになる過程を示した。Kobayashi（1997）は2歳児において，事物に対しそれを使用する動作の情報が発話と同時に提示されると，形バイアス（同じ形状の事物は同じ名称のカテゴリーに属すると考える，カテゴリー仮説に関係する）によらず動作情報に基づく推論を行うことを示した。こうした研究は，とりもなお

さず話し手が何を意図して発話を行っているかに関する推測の重要性を示すとも言える。

　文法発達における生得的理論としては，生成アプローチ（generative approach）が重要である。これはChomsky（1957）が提出した生成文法理論に代表される。

　生成文法理論は，人間は生得的に文を産出するためのルール（普遍文法；UG：Universal Grammar）を脳に備えており，文法発達は親などの大人の言語を最小限度でも聞くことで，ルールが発動し文が生成され，産出されると考える。Chomskyによれば，文は心の中でツリー（樹状）構造を持ち，名詞句（NP：Noun Phrase），動詞句（VP：Verb Phrase）といった，「句」のまとまりからなっている。たとえば「私は公園に行きたい」という文では，「私は」は名詞句，「公園に行きたい」は動詞句である。さらにこの「公園に行きたい」は「公園に」という名詞句を含んでいる。それぞれの語は，名詞句，動詞句の中で他の語との関係が規定されている。ある語が名詞であると判明すればどのような種類の他の語とともにどのような順序で使用されるかのルールが使えるようになり，文の生成を行うことができるとする。文構造の順序には主に２つあり，動詞句の構造がVP＋NP（go to the park）となっている英語のようなSVO（Subject-Verb-Object）型とNP＋VP（「公園に行く」）となっている日本語のようなSOV（Subject-Object-Verb）型がある。子どもは最初に聞いた大人の言語入力から，どちらのタイプの言語を獲得しているかを知り，ツリー構造を作ることができるとしている。

　しかしこのUGのルールは名詞句，動詞句などのような抽象的な統語カテゴリーから成り立っているため，これを使うためには，子どもはそもそもある語を聞いたときにそれが名詞（あるいは名詞句）であるか動詞（あるいは動詞句）であるかという統語カテゴリーがわからなければならない。そこで子どもは言語入力から意味的な情報を読み取り，それを統語カテゴリーにリンクさせるという「意味的ブートストラッピング」仮説が提出された（Pinker, 1984; Pinker, Lebeaux, & Frost, 1987）。この仮説によれば，子どもが外界を観察し，PERSON / THING, ACTION / CHANGE OF STATEという情報を，ある対象物やその動きに対して受け取る。PERSON / THINGは名詞にリンクさせ，

ACTION / CHANGE OF STATE は動詞にリンクさせるという。

4 統計的学習（statistical learning）

　統計的学習とは，環境からの知覚的入力情報を統計的に処理し構造を見出す学習を指す。外界からの刺激の頻度や刺激同士の連続性の中から何らかの規則性を見出し，その情報が言語学習を推進すると考える。たとえば，母親が子どもに「あ，犬，犬，犬がいるよ。可愛い犬だねえ！」と言ったとする。ここで，/inu/ という発声が繰り返されていることがまず注目される。繰り返しとはすなわち，/i/ の音の直後では /nu/ という音が発せられた確率が高かったことになる。一方，/nu/ の直後では，/i/ も出現しているが，/ga/ も出現し，また /da/ も出現しており多様性がある。母親の先の発話は，物理的な音声ストリームとしては連続しているが，そこから，/inu/ つまり /i/ の後に /nu/ という連結が統計的に多く知覚され，知覚的に際立つ（salient）。こうして連続した音声ストリームから単語が切り出されることになる。この切り出しはセグメンテーション（segmentation）と呼ばれており，正しく単語，句，節に区切ることは，語や文を知覚するために必須である。

　Jusczyk & Aslin（1995）は，ターゲットとする"cup"という語がしばしば登場する文を聞かせた後，7か月半児にターゲットの語と，この文に含まれていなかった語とを聞かせた。結果，乳児はターゲット語のほうを好んで聞くことがわかった。しかし生後6か月の乳児ではそうした好みは現れなかった。7か月半では乳児は何らかの方法で単語を切り出すことができると言える。Brent & Siskind（2001）は，9か月から15か月までの子ども8人の母親が発した発話のうち，単語1語だけで1つの発話となり，すなわち単語が完全に孤立した状態で提示された発話（たとえば，「犬！」）は9パーセントのみであったと報告した。大多数の語は孤立してではなく文の中で発せられる。そこで，孤立化した状態で学んだ語を手がかりとし，スピーチ・ストリームをさらに区切っていくという可能性も重要と言えよう。

　スピーチ・ストリームの中で，ある単語やシラブルは他の単語やシラブルと共起する確率や遷移確率（Transitional probabilities）が高いことが見られ

る。遷移確率とは，他の言語単位が発せられた状況で当該の言語単位が発せられる確率であり，あるシラブルが発せられた直後にある特定のシラブルが発せられる確率は，1単語の中（単語内）では高いが，単語と他の単語の間（単語間）では低くなる。乳児はbadaku, padotiのような「単語」（ここでは実験で利用されたnonsense syllable：無意味綴り）よりもkupado, dotigoのような「非単語」（別のnonsense syllable）や「部分的な単語」（一部が「単語」と同じ部分を含むもの）をより長く聴き，「単語」を区別するという統計的学習の証拠を示す。統計的学習は音声刺激に限らない。Kirkham, Slemmer & Johnson（2002）は2, 5, 8か月児が遷移確率の変化がある視覚刺激を区別できたことを示した。

　語彙学習においても，統計的学習はcross-situational word learning（通状況的語彙学習）として提案されている（Smith & Yu, 2008）。たとえばある場面で犬，ボール，男の子，が確認できている状態で子どもが「ボール」という音声を聞き，別の場面でボール，ベンチ，女の子，が確認できている状態でまた「ボール」という音声を聞いたとする。この2つの状況で共通している対象物と「ボール」という音声を結びつけることにより，「ボール」という語が学べることになる。Smith & Yuは12か月児と14か月児を対象とし，2つの異なる新奇な事物を並べて見せて無意味語（"bosa"）を聞かせる状況を，複数提示する実験を行い，乳児が無意味語を通状況的に提示された事物に結びつけることができたと報告した。

5　おわりに

　社会語用論的アプローチは，子どもがもともと持っている他者とかかわろうとする能力に気づき，それを支援する大人の役割を重視する。支援を考える上で多くの示唆を与えるものであると言える。それぞれの子どもが持つ生得的能力の特徴や，子どもが置かれた環境における入力の統計的特徴も，支援を考える上で参考になると考えられる。

　子どもは，社会的な手がかり，言語的な手がかりなど多様な手がかりを使う。どのような手がかりが使えるか，複数の手がかりをどのように競合・選択また

統合させて使えるかは，子どものある時点で到達している認知能力によることが多い。統計的学習の能力は，認知発達が初期段階の語彙獲得に益をもたらす一方，社会語用論的能力は認知発達が他者の意図理解ができる程度に発達した段階の語彙獲得に益をもたらすことが予想され，さらに文法能力も備えるようになると文法知識自体を使って語彙獲得をすることが考えられる。異なるアプローチから支援を捉えることにより，多角的な視点からの支援が可能となる。

【文　献】

Brent, M. R., & Siskind, J. M.（2001）．The role of exposure to isolated words in early vocabulary development. *Cognition*, 81（2），B33-B44.
Chomsky, N.（1957）．*Syntactic Structures*. The Hague/Paris: Mouton.
針生悦子．（1991）．幼児における事物名解釈方略の発達的検討―相互排他性と文脈の利用をめぐって―，*教育心理学研究*，39，11-20.
Jusczyk, P. W., & Aslin, R. N.（1995）．Infants' detection of the sound patterns of words in fluent speech. *Cognitive Psychology*, 29（1），1-23.
Kobayashi, H.（1997）．The role of actions in making inferences about the shape and material of solid objects among Japanese 2 year-old children. *Cognition*, 63（3），251-269.
Liszkowski, U., Carpenter, M., Henning, A., Striano, T., & Tomasello, M.（2004）．Twelve-month-olds point to share attention and interest. *Developmental Science*, 7（3），297-307.
Markman, E. M.（1989）．*Categorization and Naming in Children: Problems of Induction*. MIT Press.
Markman, E. M., & Wachtel, G. F.（1988）．Children's use of mutual exclusivity to constrain the meanings of words. *Cognitive Psychology*, 20, 121-157.
Pinker, S.（1984）*Language learnability and language development*, Harvard University Press, Cambridge, MA.
Pinker, S., Lebeaux, S., and Frost, L.A.（1987）．Productivity and constraints in the acquisition of the passive. *Cognition*. 26（3），195-267.
Senju, A., & Csibra, G.（2008）．Gaze following in human infants depends on communicative signals. *Current Biology*, 18（9），668-671.
Smith, L., & Yu, C.（2008）．Infants rapidly learn word-referent mappings via cross-situational statistics. *Cognition*, 106（3），1558-1568.
Wilson, D., & Sperber, D.（2012）．*Meaning and relevance*. Cambridge University Press.
Tomasello, M.（2003）．*Constructing a language: A usage-based theory of language acquisition*. Harvard University Press.
Tomasello, M.（2008）．*Origins of human communication*. MIT Press.
Tomasello, M., & Haberl, K.（2003）．Understanding attention: 12-and 18-month-olds know what is new for other persons. *Developmental Psychology*, 39（5），906-912.

第Ⅱ部　理論編

第3章　コミュニケーションの発達を支援するための基礎理論

長崎　勤

1　「発話行為から言語発達」への理論

　1960年代からChomskyの「言語獲得理論」によって言語の形式的側面の発達が明らかになった。しかし，発話がどのように獲得されるか，またどのように使用されるかという問題は軽視されてきた。この点への批判から1970年代後半以来，言語の発生過程や実際的使用の側面に重点を置いた研究が盛んになった。

　Bates, Camaioni & Volterra（1975）は前言語的なコミュニケーションからことばの獲得段階をAustin（1965）の言語行為理論（Speech act theory）を乳幼児のコミュニケーション発達に適応し，乳児の観察から次のように理論化した。

①乳児が泣くと，乳児は人を動かそうという意図は持っていないにも関わらず，「お腹すいたのね」と大人が授乳をするなど，大人を動かしてしまい，結果的に有効な効果をもたらせる段階：「発話媒介行為段階（a perlocutionary stage）」
②要求伝達や大人の注意を物や事象に向けさせるために意図的な身振りや発声，注視による非言語的なシグナルによって要求や叙述を大人に伝える段階：「発話内行為段階（an illocutionary stage）」
③それ以前の非音声的な行為の遂行を発話（「あれ，とって」「ブーブあった」など）で構成する段階：「発話行為段階（a locutionary stage）」

　子どもは1歳までに意図的な伝達使用の「発話内行為段階」に達し，それ以

降のことばによる伝達の基礎を形成しているといえる。

障害児では特に意図的な伝達行為使用の「発話内行為段階」の到達に困難を示し、相手に自己の伝達行為がどのような発話効果（illocutional force）を与えているかの認識が脆弱といえる（長崎・池田，1982）。

2 社会的相互交渉と言語獲得

Bruner（1974，1983）は，言語は協同活動（co-operative action）や，共同行為（joint action）の特殊化され，慣用化された拡張であるという立場を基盤にし，母子間の前言語的，伝達行為から言語的伝達行為への発達過程の解明をすすめた。

言語獲得は，次のような母子間の伝達形式の変形過程（transformation）とみなすことができる。

① 要求様式：2～3か月までにおける多くは不快さを表現する生得的パターンから始まり，要求満足形式と要求呼びかけ形式に区別できる。
② 依頼様式：要求のしつこさは減り，相手の反応を予想した休止を伴い，子ども特有の信号による呼びかけを発達させる。
③ 交換様式：8か月間までに，ジェスチャーや発声を伴った事物への要求を母親に指示するようになる。そして，事物の受け手としてだけではなく，事物をもう一度母親に戻すといった，行動の動作主としての役割も果す。このような受け手－動作主としての役割の交換は，やり取りあそび（give and take game）やジェスチャーの模倣が典型的である。
④ 相互様式：母子は相互的な役割をもって，ひとつの作業を中心に組織化される。例えば，知能箱の作業では，子どもは入れる前に母親にある形を提示したり，母親はそれを子どもに入れさせるために手渡す。子どもはそれを入れるように母親に手渡すといった行動が見られるが，その時には，目と目による盛んな照合や発声が見られる。

このような伝達様式の形において，重要な役割を果すのが，共同行為である。

共同行為の最初は，目と目の接触（eye to eye contact）によるが，4か月以降次第に，子どもが母親の視線を追い，母親が注視している対象物を注視する共同注視（joint attention）が成立する。そして，共同注視した対象物を中心に，母子が相互に働きかけをする話題－評言構造（topic-comment structure）が構成される（長崎，1993）。

具体的な共同行為の例としてBruner（1983）は母子のイナイイナイバーあそびの構造を分析し，言語の発達にとって重要な活動要素が含まれていることを指摘している。このゲームは隠れる人や玩具が，隠す手や布の中に入って消える「先行トピック」と再び出現する「後続トピック」からなる。「先行トピック」は「準備」，「消失」という2つの成分から構成されており「後続トピック」は「再現」，「再建」という2つの成分から構成されている。さらに各成分は成分を実現する2つあるいはそれ以上の要素から成る。ある一組の母親と子どものこのゲームの遊び方を観察すると母親は生後6か月前後には注意を喚起するために10の要素を効果的に使いながら子どもをゲームに参加させていくが，8，9か月頃には徐々に要素を省略したり洗練したりして消失，再現という本質的な要素に集中させていった。また，子どもは母親の発声を待って微笑んだり予期して微笑んだりするようになる。また，人形を触ることが増え，行為者になろうとする傾向が強くなる。自分で物陰に隠れて出てくるといったゲームを経過し，1歳2か月には自分でも人形を隠して"ウー"と言いながら円錐から取り出すことができた。

Brunerはこのゲームにおける「消失」や「再現」を「深層構造」，消失や再現の間の時間を変えたり，消失する物や人を変えたり，発話の内容を変えたりすることを「表層構造」と呼んだ。表層構造はその子どもの年齢や道具などによって変形するが，このゲームの基本的構造である深層構造は変化しない。このようにして得られた習慣化，儀式化された形式をフォーマット（format）と呼びフォーマットはほとんど「言語のような構造を持つもの（languagelike）」となっているとしている。

またこのようなフォーマットを形成するのに母親がとった，まず母親が新しい手続きを導入し，それを実行するための子どもの技能が発達するのに対応して役割を引き渡していくという「役割引き渡しの原理（hand over principle)」が子どものことばの獲得を援助していくシステム（言語獲得援助システム　LASS：Language Acquisition Support System）に関係している，としている。

また，Brunerは，やり取りあそびなどの自分と相手との間でなされる役割交代を含むあそびにおいて，子どもの活動の中で，動作主－行為－動作対象－動作の受け手といった格構造が強化され，符号化し，順序づける規則が発展してくることを指摘し，言語的叙述や格構文との同型性（isomorphism）について述べている。

すなわち，Brunerらは，Chomskyらが生得的な言語能力（言語獲得装置LAD：Language Acquisition Device）を仮説するのに対して，行為と注意の相互的な社会的技能（interpersonal social skill）を含む相互伝達能力（communicative competence）が生得的であるとしている。

このような，初期のコミュニケーション発達の考え方を基盤にした，発達支援の実践研究が，多数行われている（長崎・小野里，1995ほか）。

3　言語獲得の基盤としてのスクリプト

(1) スクリプトと言語

イナイイナイバー以外にも，このようなルーティンが子どもの生活の中にはたくさんある。手を洗う，靴を脱ぐ，散歩に行く，お風呂に入る，などの行為は，ある行為のために下位の行為が一定の順序のもとに構成されている。例えば服を脱いでから湯船に入るのであってその逆ではありえない。生活の場面にはこのような比較的シンプルな行為の連続性の他にこれらのルーティンが更に結合した行為がある。例えば「子どもが食事をする」という行為は，食器をそろえる，お手伝いをする，食事の前に手を洗う，いただきますをいう，実際に食事を食べる，あとかたづけを手伝うなどの行為の連続である。このようないくつかのルーティンの構造体，およびそれが内化し，記憶構造化したものをスクリプト（Script；Schank & Abelson, 1977；外山・無藤，1990）と呼ぶことがある。一種のストーリー化した行為に関する知識である。おなじ食事をする

のでも家でするのとレストランでするのと，あるいはファーストフードの店でするのとはスクリプトが異なってくる。家で食事をするためには買い物をしなくてはならないし，ファーストフードの店では食事の前に料金を支払わなくてはならない。このようなスクリプトをわたしたちは行為するだけではなく「レストラン」といわれるだけで心の中にその脚本を想起することができる。このようなスクリプトが言語の理解や獲得に関わっていることが指摘されてきている。

　(1)「太郎はレストランのドアを開けた。その日のステーキは軟らかかった。満足して店を出た。」この文章には，(2) レストランに入った。(3) ステーキは軟らかかった。(4) 店を出た。という2つの太郎の行為とステーキに関する事実が示されているだけであるが，それにも関わらず，わたしたちのほとんどはこの文章を聞くと，太郎がレストランに入りステーキを注文し，それを食べ，料金を払ってから店を出たことがイメージされる。決して机に座ると同時にステーキが出てきたり，フォークで刺してみてステーキの硬さだけを調べて食べないで店を出るとか，料金を払わないで店を出るとは考えない。このように，限定された情報から多くの情報を推測したり引き出せるのはわたしたちの内部にレストランに関するある知識があらかじめ存在しているためである。

　「レストラン」と聞いたときわたしたちはテーブル，レジ，メニューなどの「道具」，ウェイトレス，コック，レジ係などの「配役」，レストランに入る→注文をする→料理を食べる→料金を払うといった「場面の順番」を思い浮かべることができる。それはある日，ある場所での特定のレストランではなく，また特定の料理や人，装飾品でもない，あくまで一般的な脚本を思い浮かべることができる。わたしたちは多くのレストランに関する経験からレストランに関する一連の順序性を持った行為の枠組み，すなわちスクリプトをつくりあげているといえる。

　このスクリプトを参照しながらわたしたちは，文 (1) から (2)，(3)，(4) 以外の情報を推察でき，ほんとうの意味での文 (1) の意味が理解できるといえる。反対に，もしわたしたちがスクリプトを持っていないとしたら文 (1) は実際太郎が何をしているのかは理解できないであろう。

（2）スクリプトの獲得の発達と言語

「おやつ」と聞くとレストランの時と同様にあるスクリプトが想起されるであろう。このスクリプトは子どもが生まれながらに持っているとは考えにくい。最初はおやつを母親に食べさせてもらっていた子どもが徐々に一人でも食べられるようになっていくことから，子どもの内部にスクリプトを形成させる過程が存在するといえる。子どもは離乳を始めるころから一日何回かのおやつを食べ始める。子どもにとっては日常的，また大好きな活動の一つであろう。3人の10～18か月の乳幼児に共通したスクリプトの要素を分析したところ「時間的空間的枠組み導入」「枠組み活動」「時間的空間的枠組み解除」という大きな成分のもとに11の要素がみられた（望月・長崎，1992）。母親は初期からほとんどの要素を使用し，積極的に「おやつ」の枠組みを提示していた。子どもは，徐々に使用する要素を増加させ18か月では母親の要素数に接近していた。このように母親が活動の要素を提示し，子どもがそれを徐々に使用するようになっており，ここでもBrunerの指摘した「役割引渡しの原理」が働き，子どもは「おやつ」スクリプトの全体構造を獲得するようになったと考えられる。

さらに，子どもはスクリプト要素に対応した言語を獲得してゆく。一児の縦断的観察では，15分間のおやつの場面だけで18か月までに200前後の累積語彙の表出がみられた（奥・長崎，1993）。子どもは様々な場面での限定された文脈＝スクリプトの要素（概念）を獲得しながらそれに対応された大人の言語からその意味や伝達意図を推察し，また，代弁→代弁模倣などの大人からの働きかけの方略によって，言語を表出するようになると考えられる。

Nelson（1989）は"ベークトポテト"場面での指導者と言語発達障害児のやりとりの分析から意味－統語の獲得とスクリプトの獲得の関連を論じている。

スクリプトの獲得と言語獲得の関連は，意味－統語に限られるのであろうか。興味深いことに，いずれ子どもは自分では直接食べていなくとも，大人が食べているのをみて大人に向かって「おいしいね」と話しかけたり，他児がけがをしたときに「痛い？」とたずねるなど，他者の意図や心の状態を推察し発話をする，あるいは推察しようとする。ここに「心の理論（Theory of Mind：Leslie，1987）」の芽生えが認められるといってよいであろう。

近年，発達障害児，特に自閉症スペクトラム児では，「心の理論」の獲得の困難性が指摘されているが（Frith, 1989），限定された文脈という手がかりの中で子どもは相手の発話の意図を理解することが容易にできるようになる。

このように，子どもの言語の獲得の背景として，

①フォーマット・スクリプトおよびスクリプトの要素の獲得過程
②スクリプトの要素に対応した言語の意味・伝達意図の理解と表出

の2つの過程が平行して存在していることが予想される。

これらの過程は前述したように養育者との相互的なコミュニケーションによる共同行為ルーティンを通してなされると考えられる。

これらの考え方は障害児の言語指導の方向性に大きな示唆を与えるといえる。

①日常生活の<u>文脈の構造</u>こそが言語を獲得する舞台である。
②そこでの養育者・大人の<u>関わり方</u>が言語の獲得を援助する。

このような考え方によって，スクリプトを用いた言語・コミュニケーション支援の実践が，多数行われてきた（Snyder-McLean, Solomonson, McLean & Sack, 1984; 長崎・吉村・土屋, 1991；長崎・佐竹・関戸・宮崎, 1998ほか）。また近年，長崎・天野・吉井（2018）は，希釈飲料（商品名「カルピス®」）を大人とつくる活動の中で，他者意図理解の支援を試みている。

4　まとめとして——ウィトゲンシュタインの言語哲学からトマセロの二重継承理論へ

以上のような，言語におけるコミュニケーションの側面の重要性を初期に指摘したのは，オーストリア生まれの言語哲学者で，言語とは何かを根源的に考えたウィトゲンシュタイン（Wittgenstein, 1889年生-1951年没）であった。ウィトゲンシュタインは，「赤いリンゴ5個（five red apples）」と書かれた紙片をもって果物屋に買い物に行く子どもに，果物屋は「りんご」と書かれた箱の中から赤いのを5つ取り出して代金と引き換えに子どもに渡す。このように

子どもも果物屋も，ひとこともことばを発しなくても進行する。このようなことが可能になるのは，そのような「慣習」「生活の形式（form of life）」を生きているからであり（永井，1995），「語の意味とは，言語におけるその使用（use）である（ウィトゲンシュタイン，1976）」と述べ，言語における使用の側面の本質的な重要性を指摘した。

ウィトゲンシュタインの述べる，「生活の形式」についてもう少し考えて見よう。ウィトゲンシュタインは，わたしたちの生活は，<u>無数の行為の織りなす巨大なネットワーク＝いくつもの典型的な言語使用的局面（文脈）＝「単純な劇（シュピール）」の集まりから構成されている</u>とみなしている。

「単純な劇」を「言語ゲーム（シュプラッハ・シュピール）」とウィトゲンシュタインは呼んだ。

簡単な背景，前後の脈絡，登場人物をもつものであり，鬼海（2003）は，むしろ「言語ゲーム／劇」と呼ぶべきと述べている。

すなわち，文の意味は，それが属する「言語ゲーム／劇」の中でそれが果たす役割であって，例えば，「早く来い」の文の意味は，

・「小学校のハイキングでの先生と生徒の会話」
・「夏休みを待つ小学生の独白」

とでは全く違う役割／意味を持つ（鬼海，2003）。

ドイツ語の「シュピール」は，英語のgameとplayが合体したような性格のものであり，「シュピール」は「ゲーム」というより，生活を構成する状況と行為の型，すなわち，前節までで見てきたフォーマット，スクリプトに近いものと考えられよう（鬼海，2003）。

このようなウィトゲンシュタインの考究が，前述したような，後の世代のAustinやBruner，また後述するTomaselloなどに影響を与えることとなるとともに，言語・コミュニケーション支援の方法論にも多大な影響をもたらしたといえる。

Tomasello（1999）は，多くの種の成熟した表現型は，①先祖からの生物学的（遺伝子）継承，②文化的継承（子ネズミが親の食べるものだけを食べる，アリが同種のものが残したフェロモンの跡をたどって食物を見つける）（ヒトが典型例）という，二重継承理論（dual inheritance theory）を指摘し，600万年

前に，大型人類猿が分離し，20万年前にヒトが分離し，短期間にここまで進化してきたのには，ヒトに固有の「文化的継承」を行う能力の重要性を指摘している。

　子どもはこの二重継承によって，「文化という巨人の肩に乗ること（stands on the shoulders of giants）」で，飛躍的な学習が可能になるとも述べ，「文化＝肩車」という比喩によって子どもの学習の仕方を説明している。

　文化とは，スクリプトの集合体といっても良いであろう。

　障害のある子どもたちは，「文化という肩車」（例えば，幼稚園で行うあるゲームのスクリプト）に乗るには，子どもの「足の長さ」（例えば注意を文脈全体に向けることや他者の意図を読み取ること）が足りなかったりして，自力ではその「文化という肩車」にうまく乗れない。そのために肩車に乗った時になされる様々な社会的スキルを学ぶチャンスを失ってしまう。

　わたしたちは，一人では乗れない「肩車」（ゲーム）に，「踏み台」（例えば言語指示でなく，指さしや写真を用いるなど）の視覚的手がかりを用いることで子どもがその「肩車」（ゲーム）に乗ることを援助する。また，そのゲームの中で，様々な言語や社会的スキルを学ぶことができるようになる。

　しかし，二重継承理論は，一方的にわたしたちの文化に，子ども・障害児を参加させようというものではないであろう。スクリプトの中で障害をもった子どもたちの振る舞い方＝社会的スキルの特徴を，<u>わたしたちが知り，わたしたちが学ぶ，私たちが変わる</u>ことで，障害のある子どもたちが生きやすいような新たな文化を作っていくことも一方で必要であろう。

　肩車を子どものサイズに合わせるなど「バリアフリーの肩車」に改造する。

　わたしたちと障害のある子どもたち・人々が相互に，共に生きる新たな文化を作り上げながら，新たな「生活の型，生活のスタイル」を創り上げていくことが重要であろう。

　（以上の論考は，長崎（1995），長崎・佐竹・宮崎・関戸（1998）等に基づいている）

【文 献】

Austin, J., L. (1962). *How to Do Things with Words*. Harvard University Press.（坂本百大，訳（1978）．*言語と行為*．東京：大修館書店．）

Bates, E., Camaioni, L, & Voltera, V. (1975). The acquisition of performatives prior to speech. *Merrill-Palmer Quarterly*, 21, 3, 205-226.

Bruner, J. S. (1974). The Ontogenesis of speech acts. *Journal of Child Language*, 2, 1-19.

Bruner, J. S. (1983). *Child talk: learning to use language*. London: Oxford University Press.（寺田晃・本郷一夫．訳（1988）．*乳幼児の話しことば*．東京：新曜社．）

Frith, U. (1989). *Autism: Explaining the enigma*. Basil Blackwell Ltd.（冨田真紀・清水康夫・鈴木玲子．訳（1991）．*自閉症の謎を解き明かす*．東京：東京書籍．）

鬼界彰夫 (2003)．*ウィトゲンシュタインはこう考えた*．東京：講談社．

Leslie, A. M. (1987). Pretense and representation: the origin of "theory of mind". *Psychological Review*, 94, 412-426.

望月麻里・長崎 勤．(1992)．おやつ場面における母子相互交渉：乳幼児期の言語発達とスクリプト獲得における母親の役割．*日本特殊教育学会第30回大会発表論文集*，442-433．

長崎 勤・池田由紀江．(1982)．発達遅滞乳幼児における前言語的活動：ダウン症乳幼児と正常乳幼児の要求場面での伝達行為の分析．*発達障害研究*，4, 2, 34-43．

長崎 勤．(1993)．健常乳幼児とダウン症乳幼児における相互的注視行為の発達-追随注視による共同注視とアイコンタクトの成立過程の分析を通して．*教育心理学研究*，第41巻(2)，161-171．

長崎 勤．(1995)．*ダウン症乳幼児の言語発達と早期言語指導-認知・語用論的立場から*．東京：風間書房．

長崎 勤・吉村由紀子・土屋恵美．(1991)．ダウン症幼児に対する共同行為ルーティンによる言語指導：「トースト作り」ルーティンでの語彙・構文，コミュニケーション指導．*特殊教育学研究*，第28巻(4)，15-24．

長崎 勤・佐竹真次・宮崎眞・関戸英紀．(1998)．*スクリプトによるコミュニケーション指導：障害児との豊かなかかわりづくりをめざして*．東京：川島書店．

長崎 勤・小野里美帆．(1996)．*コミュニケーションの発達と指導プログラム：発達に遅れをもつ乳幼児のために*．東京：日本文化科学社．

長崎 勤・天野美緒・吉井勘人．(2018)．希釈飲料作成による発達障害児の他者意図理解・協同活動のアセスメントと支援方法の開発（1）：背景と他者意図理解・協同活動発達支援プログラム．*日本発達心理学会第29回大会発表論文集*（発表予定）．

永井 均．(1995)．*ウィトゲンシュタイン入門*．東京：筑摩書房．

Nelson, K. & Gruendel, J. (1985). Children's scripts. In Nelson, K. (Ed.), *Event knowledge*. NJ: Lawrence Erlbaum Associates.

奥 玲子・長崎 勤．(1993)．おやつ場面における母子相互交渉(2)：乳幼児のスクリプト獲得を基盤にする言語獲得について．*日本特殊教育学会第31回大会発表論文集*，450-451．

Schank, R. C. & Abelson, R. P. (1975). *Scripts, plan, goals, and understanding*. NJ: Lawrence Erlbaum Associates.

Snyder-McLean, L. K., Solomonson, B., McLean, J. E., & Sack, S. (1984). Structuring joint action routines: A strategy for facilitating communication and language development in the classroom. *Seminars in Speech and Language*, 5, 3, 213-228.

外山紀子・無藤 隆. (1990). 食事場面における幼児と母親の相互交渉. *教育心理学研究*, 38 (4), 395-404.

Tommsello, M. (1999). *The cultural origins of human cognition.* Cambridge, MA. Harvard University Press. (大堀壽夫・中澤恒子・西村義樹・本田啓, 訳 (2006). *心とことばの起源を探る-文化と認知*. 東京：勁草書房)

ウィトゲンシュタイン, L., J., J. 著, 藤本隆志. 訳. (1976). *哲学探究*. (ウィトゲンシュタイン全集8) 東京：大修館書店.

第Ⅱ部　理論編

第4章 共同注意と発達語用論

松井智子

1 はじめに

　私たちの日常的なコミュニケーションには，言語が重要な役割を果たしている。しかし，言語の意味を理解するだけで成立するコミュニケーションは稀である。むしろ，言葉になっていない意味を聞き手が理解することで初めて話し手の伝えたかったことがわかる場合が殆どである。たとえば次の会話を考えてみよう。

春子「今度の日曜日，映画に行かない？」
秋子「月曜日提出のレポートがあるんだ……」

　ここで秋子が春子に何を伝えたかったか，読者の皆さんにはすぐにおわかりになったと思う。でもここではあえて，その解釈プロセスを考えてみよう。この会話で秋子を映画に誘っている春子は，秋子が自分と一緒に映画に行きたいのか，それとも行く気持ちはないのかを返事として期待しているはずだ。しかし春子の誘いに対して，秋子は映画の話をしないで，一見何の関係もなさそうなレポートの話をしている。言葉の意味だけで二人の言っていることを理解しようとすると，この会話はうまくかみ合わない。
　しかし，言葉の意味に加えて，「文脈」と呼ばれる会話の理解に必要な背景知識を含めて考えると，秋子が言いたかったことは次のような内容だろうと推測することができる。

「月曜日提出のレポートがあるから，日曜日はレポートを書く時間が必要で，

映画には行くことができない」

　つまり，読者の皆さんの解釈どおり，秋子はやんわりと映画の誘いを断っているということになる。ここで必要となる文脈（背景知識）は，レポートを書くのには時間と労力がかかる，レポート提出日の前日にはレポートを完成させる必要がある，などといったことになるだろう。

　ポイントは次のようなことである。このような会話は成人同士であれば日常茶飯事行われていることで，難しいと感じることはほとんどない。しかし，じつは言語の意味以外の背景知識をうまく文脈として使うことができないと，会話は成立しない。言語の意味は，相手が何を言いたいのかを推測する手がかりにはなるが，実際に相手が言いたかったことは，言語の意味よりもはるかに豊かな内容を持つのである。

　言語の意味と背景知識をもとに，聞き手が話し手の言いたかったことを理解するプロセスを研究する学問領域が「語用論」だ。この章では，語用論の理論をもとに，コミュニケーションについて考えてみたい。語用論では，言語そのものの意味と話し手が伝えたかった内容を区別する。言語の意味に対して，「話し手の意味」や「話し手の意図」という用語で，話し手が伝えたかった内容を指す。ここでは，「話し手の意図」という用語を使って，コミュニケーションを説明することにしよう。

　成人の場合は，大抵それほど苦労することなく，会話における話し手の意図を理解することができる。しかし子どもはそうはいかない。話し手の意図を理解する能力は年月をかけて発達するからだ（松井, 2013）。また自閉スペクトラム症や言語発達障害の場合，言語の意味を理解することができても，文脈を加味して話し手の意図を理解することが難しい。以下では，とくに乳児期から幼児期までの語用論の発達について概観してみよう。

2　伝達意図の理解と会話のリズム——二者間の会話を通して

　話し手の意図の理解は，じつは言語獲得に先んじて発達する。話し手の意図には2種類あると考えられている。ひとつは，聞き手に伝えたいことがあると

いうことを伝える話し手の意図で，「伝達意図」と呼ばれている。もうひとつは「情報意図」と呼ばれるもので，こちらは伝えようとしている情報の中身を指す。情報の中身のほうは，言語の意味がわかるようにならないと理解できないが，相手が自分に何かを伝えようとしているという「伝達意図」のほうは，言語獲得以前の乳児にも理解できるようだ。

そのことを示唆する実験を紹介しよう。千住ら（Senju & Csibra, 2008）は，6か月児が話し手の視線や声かけから伝達意図を察知するかどうかについて，注視時間を指標として検証している。実験では，自分に向けられた相手の視線から，相手の伝達意図を理解できるかどうかを調べている。ひとつの条件では，参加児の注意を喚起する場面で，画面上の女性は子どものほうに顔を向けて子どもの目をしっかり見ていた。しかしもうひとつの条件では，画面上の女性は顔を下に向けていて子どもの目を見ていなかった。参加児はどちらかの条件に振り分けられた。どちらの条件でも，「注意喚起場面」に続いて，女性が目をやったものに参加児も目をやることが期待される「視線追従場面」がモニター上に提示された。この場面で女性は2つの新奇なおもちゃのどちらかに目をやっていた。この「視線追従場面」で子どもが女性の見たおもちゃを，見なかったおもちゃよりも先に見る，あるいはより長く注視すれば，女性の伝達意図が子どもに伝わったとみなされた。この実験の結果，女性が子どもと目を合わせた条件では，参加児は女性が見たおもちゃを最初に見たことに加え，それを長い時間注視したことがわかった。しかし，女性が子どもの目を見なかった条件では，そのようなことは起こらなかった。このことから，生後6か月で，子どもは相手の視線から伝達意図を理解することが強く示唆された。また，伝達意図の理解が生得的な能力である可能性も提案されている。

千住らの論文では，子どもにわかりやすい「マザリーズ」と呼ばれる母親の高い声で声をかけた場合にも，6か月児が相手の伝達意図を理解し，相手の見たおもちゃを長く注視したことも報告されている。対照的に，大人同士の会話で使われるような低い声で声をかけた場合には，そのような反応は示さなかったそうである。

伝達意図の理解は，言語獲得前の乳児と，母親を中心とする大人との二者間のコミュニケーションを可能にするという点でも重要である。大人は言語を用

いて話しかけるが，乳児はまだ言語とは言えない音声や顔の表情などで返答する。この時期の二者間コミュニケーションは，乳児の音声言語習得に不可欠なものであるばかりでなく，言語を習得した後の会話のターンテイキングの基盤となる相互的なやりとりのリズムを習得するのに重要な役割を果たす。子どもの側から実際の反応がほとんどなくても，大人の側が子どもの反応を受け取るための数秒の時間を待ってから，次の言葉かけをするようにすると，会話のリズムを維持することができる。そしてこの会話のリズムを維持することが，子の語彙習得を促進すると考えられている。

3 共同注意と情報意図理解の萌芽 —— 1歳からの三者間の会話

　生後9か月以前の乳児のコミュニケーションは，自分と相手の存在を意識した二者間のコミュニケーションである。それが9か月を過ぎるころになると，自分と相手の存在に加えて，自分と相手が注意を向けている第三者（人や物）を意識することができるようになる。この三者を介したコミュニケーションの鍵となるのが「共同注意」である。共同注意とは，相手が自分に注意を向けてほしいものや人（第三者）が何かを理解し，そこに注意を向けることができる能力のことである。相手が伝えようとしている情報は，この「第三者」としてとらえることができる。情報のやりとりとしてのコミュニケーションの基本形は，この三者間のコミュニケーションである。

　話し手の意図理解という観点から見ると，話し手の伝達意図（聞き手である自分に伝えたいという話し手の意図）の理解に加えて，情報意図（聞き手である自分に伝えている情報に気付いて理解してほしいという話し手の意図）の理解が始まるのがこの時期と言えるだろう。そして1歳の誕生日を迎えるころまでには，子どもは情報交換としてのコミュニケーションをするための心理的な基盤を獲得すると考えられる。

　子どもの情報意図の理解は発達とともに洗練されていく。生後12か月を過ぎると，子どもは視線から，話し手が何を指して言葉を発しているのかという「指示的意図」を理解し，語彙学習に生かすことができるようになる。その能力を安定して使えるようになる18か月から24か月の時期は，語彙の数が爆発的

に増える時期でもある。

4 語彙学習に見られる意図理解

　語彙学習期の子どもは，毎日の生活の中で大人が使っている音声言語と，それが指すものを結び付けて，新しい語彙を学習する。しかし，たとえばまだ「テーブル」という音が何を指すかわからない乳児にとっては，部屋にあるすべてのものが「テーブル」になり得る可能性がある。そのような状況のなかで，どれが「テーブル」であるかを判断するには，相手の情報意図を理解するための推論が必要だ。語彙学習期の子どもにとっては，話をしている大人の視線や表情，声の調子，指差しなどがこの推論の手がかりとなる。たとえば母親の視線を追うことによって，テーブルと呼ばれるものが部屋のどこにあるのかがわかり，母親の視線の先にあるものとテーブルという音声を結びつけて語彙として学習することができるようになる。逆に，これらの手がかりをうまく使えないと，語彙学習がうまく成立しない。

　視線に加えて乳幼児が語彙学習に使う重要な手がかりが指差しである。子ども自身が指差しを始めるのは11か月ごろで，相手の指差しから指示的意図を理解し始めるのは13か月ころからのようだ（Gliga & Csibra, 2009）。その後2歳になるころまでに，子どもは話し手の指差しを語彙学習の重要な手がかりとして使えるようになる（Grassmann et al., 2010）。このように，子どもの語彙学習は，情報源である話し手の意図を非言語的な手がかりから推測するコミュニケーション能力に支えられているのである。

5 情報の信頼性を見抜く力

　語彙学習の際，子どもは話し手の情報意図を理解するのと同時に，話し手が伝えようとしている情報が信頼できるものかどうかの判断もしているようだ。情報源である話し手の信頼性を判断する力は，2歳から5歳までの間に，徐々に洗練されていく。話し方や顔の表情などから，話し手が明らかに自信がなさそうだったり，間違ったことを繰り返し言ったりすると，4歳児はまずその話し手

からは学習しないこともわかっている（Koenig & Harris, 2015）。

　たとえば松井ら（Matsui et al., 2016）は，自信があることを示す文末助詞の「（だ）よ」を使って話をする人と，逆に自信のなさを示す文末助詞「かな」を用いて話をする人に登場してもらい，3歳児と4歳児が自信のある話し手，あるいは自信のない話し手から語彙を学習するかどうかを実験的に検討している。その結果，3歳児も4歳児も「（だ）よ」を使って自信たっぷりに話をした人からは新奇語を学習したのに対して，「かな」条件ではほとんど学習しないことがわかった。このことから，3歳までに，子どもは文末助詞から話し手の自信のあるなしを聞き分けて，自信があると思われた人の言うことは受け入れ，自信がないと判断した人の言うことは受け入れない（学習しない）ということが強く示唆された。

6　うそはなかなか見抜けない

　話し手が伝えようとしている情報が信頼できるものかどうかを判断する力は幼児期に発達する。しかしこの時期の子どもがその能力を発揮できるのは，相手が信頼に値しないという確固たる証拠がある場合に限られる。話し手がうそをついていたとしても，相手が本当らしく話をすれば，3歳児にはうそを見抜くことはできない。4歳児であれば，相手が意地悪だとか，悪い人だと事前に知らされている場合などには，相手がうそをつくかもしれないと考えられるようだが，そのような情報がなければ，うそをつかれているとは想像もできないようだ。

　幼児期のコミュニケーションは，話し手が言っていることと話し手が真実だと信じていることは等しいという前提で行われていると言っても良いだろう。そのため，話し手が事実と異なることを言っていても，うそをついている（自分が真実とは信じていないことを言っている）とは考えず，間違っている（事実と異なることを真実と思い込んでいる）ととらえることが多い。

7 言葉にならない話し手の意図や態度の理解

　ここまで視線や指差し，あるいは使われた言葉から，子どもが話し手の意図をどのように理解するかについて考えてきた。ここで冒頭の会話例の中で，秋子が言ったことを思い出してほしい。秋子が伝えたかったことの中で，重要な部分は，言葉になっていなかった。言葉にならない話し手の意図や態度は，子どもにも理解できるのだろうか。

　まだまだこの分野の発達研究は少ないが，近年3歳児にも言葉にならない話し手の意図が理解できることがわかりつつある。たとえば，シュルツら (Schulz et al., 2013) は，3歳児と4歳児に次のようなパペットのやりとりを見せた。

　パペット「とってもおなかがすいているの。何か食べたいわ」
　実　験　者「それならここにロールパンとシリアルがあるわ。どっちにする？」
　パペット「牛乳がきれてるの」

　このやりとりを見ていた子どもは，実験者からロールパンとシリアルのどちらかをパペットにあげてほしいとたのまれた。シリアルを食べるのには牛乳が欠かせないことを子どもが知っていれば，牛乳がきれていると言ったパペットにシリアルを渡さないはずである。実験の結果，半数以上の3歳児がシリアルではなくロールパンを渡したことがわかった。自分の知識の範囲で理解できる内容であれば，3歳児でも言葉の裏にある話し手の意図（この場合はシリアルは食べられないということ）を理解できることが示された。

　言葉にならない話し手の意図のなかには，大人にとっても難しいタイプのものもある。その典型が皮肉である。皮肉を言う人は，相手を非難すべき状況で，逆に相手をほめるような発言をして，実際の状況と発言の内容のギャップをわざと作り，聞き手がそのギャップに気付いて，そこに話し手の批判的な態度を読み取ることを意図していると考えられている。近年の研究で，大人のように皮肉が理解できるようになるのは12歳くらいとだいぶ遅いことがわかってきた。このことは，言葉にならない意図を理解する能力は，思春期まで時間をか

けて発達することを示唆している。

　5歳児が皮肉を聞いても，このような複雑な意図の理解はできない。ただし，5歳くらいになると，相手のためになるように事実とは異なることを言う「やさしい嘘」を理解することができるようになる。悪意を持った嘘の理解よりも，善意のもとにつかれる嘘を理解することのほうが，子どもにとっては理解しやすいのかもしれない。たとえば部屋を片付けるように言われたのにそのまま散らかしっぱなしにしておいた弟に対して，兄が「すっかりきれいに片付いたね」とほめ言葉をかけたとしよう。5歳児がこのような状況で兄のほめ言葉を聞いた場合には，兄が皮肉を言ったとは考えず，優しいうそをついて，本当にほめていると解釈する傾向があるようだ。言葉にならない意図の中でも，相手を批判する意図はもっとも複雑なもので，解釈が難しいと考えられる。

8　発話解釈プロセスと語用障害

　自閉スペクトラム症は，語用論の研究対象となるコミュニケーションにおける意図の理解が非常に困難であるという特徴を持つ。言語の意味は理解できても，文脈として背景知識を使って話し手の意図を理解することができないのだ。ここではPerkins（2010）にならい，発達障害の中でも特にコミュニケーションに関わる側面を「語用障害」（pragmatic impairment）と呼ぶことにしよう。

　自閉スペクトラム症が疑われる乳児は，母親を中心とした大人とのコミュニケーションにおいて，大人の語りかけに非言語音声や表情で応答することが少ないことが知られている。そして子の応答が少ないと，それが母親の語りかけに影響し，親子のコミュニケーションの頻度や質の低下につながるようだ（Warlaumont, 2014）。しかし，子の言語発達やコミュニケーションの発達のためには，子の応答が少なくとも，大人が会話のリズムを維持しながら話しかけることが重要であると考えられる。

　発達障害を持たない定型発達児であれば，1歳から2歳の間に視線や指差しから話し手の伝達意図や指示的意図を理解し，それを語彙学習に生かすことができる。しかし自閉スペクトラム症の小学生にはそれが困難であることが知られている。一方，数は少ないが，指差しならば話し手の指示的意図を理解する手

がかりとして使うことができるという報告もあるので、今後は自症スペクトラム症児がどのような社会手がかりから話し手の指示的意図を理解することができるのかを調べる必要があるだろう。

　語用障害がある場合、成人になっても、言葉にならない話し手の意図を理解することは困難である。とくに皮肉など、言葉の意味と話し手の意図がかけ離れている場合、言葉の意味を話し手の意図として解釈してしまうことが多い。また、皮肉ほど複雑なプロセスを要さなくても、解釈をひとつに絞ることのできない、あいまいな言葉の理解が難しい。たとえば、「もうちょっと」「もうすぐ」のような言葉は便利でよく使われる言葉であるが、じつは厳密にどのくらいの時間なのかは決まっておらず、会話の当事者が状況を鑑みて判断することが求められる。語用障害があると、話し手の意図を文脈から推測することが難しいため、言葉の意味が状況によって変わるような場合は、解釈ができない。

　さらに日本語は「あれ」「それ」といった指示表現を使って何かを指すこともできるし、指す言葉自体を省略してしまうこともできる。たとえば「(それ)取って」と言って、テーブルの上のコップを取ってくれるようにたのんだり、「(あれは) おいしかったね」と1年前に食べたアイスクリームの感想を述べたりすることもできる。だがこのような指示表現や言葉の省略も、文脈として背景知識を使うことができない語用障害の場合、解釈が困難となることが多い。

　語用障害があっても、殆どの場合、コミュニケーションにおいて相手が伝えようとしていることを理解したいという気持ちは強い。しかし文脈を使って話し手の意図を推測することが困難であるために、言語の意味だけを手がかりに解釈することになる。定型発達者がこのことを理解して、豊かな言葉でコミュニケーションをとることが大切であろう。

9　おわりに

　本章では、コミュニケーションの発達について大きく以下の3点に焦点をあてて概観した。一つ目は、コミュニケーションにおいては、言葉にならない話し手の意図を理解することが最も重要で、言語の意味はその手がかりに過ぎないということである。二つ目は、伝達意図の理解は0歳から始まるが、共同注

意から始まる情報意図の理解は時間をかけて発達することだ。そして最後に、語用障害の場合には、話し手の意図を理解することが困難で、相手の伝えようとしたことを理解するために、言語の意味に依存する度合いが高いということである。

　子どものコミュニケーション能力の発達は、乳幼児期の大人との会話の質と量によって決まると言っても過言ではない。子どもの発達や語用障害の困難さを考えることは、定型発達の大人が自らのコミュニケーションを振り返る絶好の機会である。子どもの関心に寄り添った豊かな語りかけを心がけたい。

【文　献】

Baldwin, D. A. (1991). Infants' contribution to the achievement of joint reference. *Child Development*, 62, 875–890.

Gliga, T., & Csibra, G. (2009). One-year-old infants appreciate the referential nature of deictic gestures and words. *Psychological Science*, 20, 347-353.

Grassmann, S., & Tomasello, M. (2010). Young children follow pointing over words in interpreting acts of reference. *Developmental Science*, 13. 252-263.

Koenig, M., Harris, P. (2005). Preschoolers mistrust ignorant and inaccurate speakers. *Child Development*, 76, 1261-1277.

松井智子．(2013)．子どものうそ，大人の皮肉．東京：岩波書店．

Matsui, T., Yamamoto, T., Miura, Y., & McCagg, P. (2016). Young children's early sensitivity to linguistic indications of speaker certainty in their selective word learning. *Lingua*, 175-176, 83-96.

Perkins, M. (2010). *Pragmatic Impairment*. Cambridge: Cambridge University Press.

Senju, A., & Csibra, G. (2008). Gaze Following in human infants depends on communicative signals. *Current Biology*, 18, 668–671.

Schulz, C., Grassman, S., & Tomasello, M. (2013). 3-year-old children make relevance inferences in indirect verbal communication. *Child Development*, 84, 2079–2093.

Warlaumont, A. S., Richards, J. A., Gilkerson, J., Oller, D. K. (2014). Social feedback loop for speech development and its reduction in autism. *Psychological Science*, 25, 1314-1324.

第Ⅱ部　理論編

第5章　心の理論と社会的コミュニケーション

藤野　博

1　「心の理論」の発達研究における意義

　発達心理学の基礎研究と臨床実践の双方に影響を与えたテーマのひとつに「心の理論（Theory of Mind）」がある。とくに自閉スペクトラム症（Autism Spectrum Disorder，以下ASD）の人たちの理解に新たな視点を開いた点に貢献があった。ASD者の社会的コミュニケーションの問題，たとえば他者の感情への気づきにくさや行為の背後にある動機や意図を理解する力の弱さなどが「心の理論」の問題として包括的に理解できるようになったからである（Baron-Cohen et al., 1985）。ラターとベイリー（Rutter & Bailey, 1993/1997）は，ASDの社会性の障害を認知機能の問題として把握することへの展望を開いたことにより，ASD研究を大きく前進させたと評価している。

　発達心理学者のウィマーとパーナー（Wimmer & Perner, 1983）は，事実と食い違う信念に基づく行動のみが心の理論の存在を確証できるというデネット（Dennett, 1978）の提言に基づき「誤信念課題」と呼ばれるテスト課題を考案して定型発達の幼児に実施し，4歳頃に通過することを明らかにした。そして他者の行為を理解したり予測したりする際に「メタ表象」が使われるとする理論的枠組みを築いた。メタ表象とは表象関係それ自体を表象する再帰的な認知能力である（Pylyshyn, 1978）。表象関係とは「人物Aが表象Xをもつ」といった「表象するもの（A）」の「表象されるもの（X）」に対する関りのことをいう。そして，ASD特有の他者の心の読み取りにくさはこのようなメタ表象を形成することの困難によって説明できるとバロン-コーエンら（Baron-Cohen et al., 1985）は考え，心の理論欠如説を唱えた。

2 心の理論の発達とアセスメント

(1) 心の理論課題

　知能とは知能テストによって測定されるものだという操作的定義に従えば，心の理論とは心の理論課題によって測定されるものということになる。実際，仮説的な構成概念である「心の理論」を可視化できるものはテストの結果のみではある。なかでも誤信念課題を用いた定型発達児を対象とした研究は通過年齢について多くの一致した知見が蓄積されている（Wellman et al., 2001）。誤信念課題は心の理論のリトマス試験紙とも呼ばれている。簡単な手続きで実施でき結果が明瞭という実用上のメリットがこの課題が普及した理由であろう。また，メタ表象操作の観点から心の理論を考えると，誤信念課題は最も適した測度といえる。

　一方，誤信念課題で心の理論を査定するアプローチに対し「卒業日基準」だという批判もある（Bruner & Feldman, 1993/1997）。この課題では心の理論を完成した状態でしかみられず，発達過程を捉えられないという意味である。また，単一の課題のみで心の理論を評価することの不適切さ（Astington, 2001），発達アセスメントとして用いる場合，異なるタイプの複数の課題からなるテスト・バッテリーを組む必要性なども指摘されている（Sprung, 2010）。それはWISCの一下位項目の一課題の成否だけから知能の査定ができないのと同じことであろう。

　以下に，異なるタイプ・水準の国際的によく使われている課題に基づいて日本の子ども用に作成したアニメーション版 心の理論課題（藤野，2005）を，著者らが定型発達および知的障害や言葉の発達の遅れのないASDの小学生（1年生〜4年生）に実施した結果を示す[注]。

(2) さまざまな心の理論課題と年齢別の通過率

1) 場所移動型（change of location）・一次誤信念課題（サリーとアン課題）

　ウィマーとパーナー（Wimmer & Perner, 1983）のプロトタイプに基づいてバロン-コーエンら（Baron-Cohen et al., 1985）が作成した「サリーとア

ン課題」は代表的な誤信念課題である。

　子安（1997a）は日本の小学生を対象にこのタイプの課題を絵本形式で実施し，通過率が1年生で87%，2年生〜4年生では90%を超えることを報告した。著者らのデータは子安の知見と概ね一致する。また，日本の子どもはこの課題の通過が英国の子どもに比べ2年ほど遅れ，6歳頃という知見がある（Naito & Koyama, 2006）。西洋社会では自律性や独立性が個人に期待されるのに対し，日本社会は集合的・相互依存的で，個人の内的状態よりも社会的文脈が行動を規定する要因になるためと考察されている。日本の子どもの場合，就学前後の時期に誤信念理解はいまだ発達途上のようである。他方，視線の測定によって評価する潜在的誤信念課題を用いた研究によると，1歳台の乳幼児でも誤信念理解が可能だという（Onishi & Baillargeon, 2005）。この知見は，心の理論の発達について再考を求めるインパクトの大きいものであった。ただし，潜在的誤信念課題による研究は従来の誤信念課題のように多くの知見が蓄積されていないため，現時点で確かなことはいえない。

　著者らのデータでは，場所移動型・一次誤信念課題におけるASD児の通過率は学年とともにコンスタントに上昇し，定型発達児との有意差は3年生でなくなる（図5-1）。

2）内容変化型（unexpected contents）・一次誤信念課題（スマーティー課題）

「スマーティー課題」として知られるパーナーら（Perner et al., 1987）が考

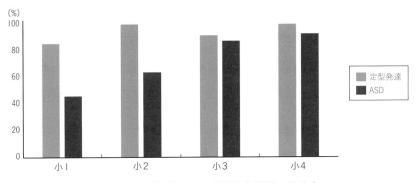

図5-1　場所移動型・一次誤信念課題の通過率

案したもうひとつのタイプの誤信念課題では，他者の信念だけでなく自己の信念の変化の理解もみる。

他者信念の質問（「箱の中身を見ていない〇〇さんに，この箱を見せて『中に何が入っている？』と聞いたら，何と言うでしょうか？」）に比べ，自己信念変化の質問（「あなたは初めてこの箱を見たとき，中に何が入っていると答えましたか？」）では定型発達児でも通過率が低いことが報告されている（子安，1997b）。一次誤信念課題ではあっても「サリーとアン課題」タイプより構造が複雑で難度も高い。著者らのデータでも場所移動型課題に比べると，定型発達，ASDともに通過率はとくに小学1年生で著しく低かった。なお，ASD児と定型発達児の有意差は3年生でなくなる（図5-2）。

3）二次誤信念課題（ジョンとメアリー課題）

「ジョンとメアリー課題（アイスクリーム屋課題）」として知られるパーナーとウィマー（Perner & Wimmer, 1985）によって考案された課題は，「『人物Aの信念』についての人物Bの信念」を問うという入れ子構造になっている。定型発達児で通過率が50％に達するのはパーナーとウィマーでは9歳，子安（1997a）は小学1年生であった。著者らのデータは子安に近い。ASD児と定型発達児の有意差は4年生でなくなる（図5-3）。

以上3つの誤信念課題における表象の構造を図示すると図5-4のようになる。

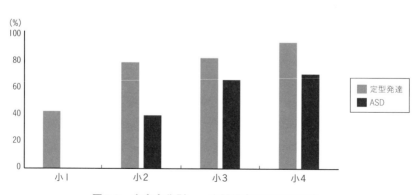

図5-2 内容変化型・一次誤信念課題の通過率

4）妨害と欺き課題

誤信念課題以外の心の理論課題として，ソディアンとフリス（Sodian & Frith, 1992）の「妨害と欺き課題」がある。泥棒に箱の中の物を盗られないよう鍵をかける「妨害」と，鍵が本当はかかっていないのにかかっていると嘘をつく「欺き」の課題からなる。妨害はできるが欺きができないのがASDの特

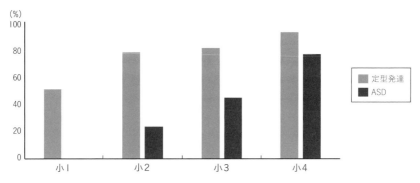

図5-3　二次誤信念課題の通過率

図5-4　誤信念課題の表象構造

徴とされている。図5-5は両課題ともに通過した児童の比率である。著者らのデータでは，ASD児における3年生から4年生にかけての急激な通過率の伸びが印象的である。4年生で定型発達児との有意差がなくなる。

欺き課題は実行機能も求められるため，心の読み取りだけを捉えることができないという指摘があった（Russell et al., 1991）。それに対し，ソディアンとフリスは妨害課題を追加することで反証した。泥棒の行動を阻止するという目標の達成に向けて行為する点で，妨害課題にも欺き課題にも実行機能が関与する。しかし，妨害課題には正答できて，欺き課題には正答できないとすれば，それは実行機能の問題でなく，心の読み取りの問題であることが示唆される。そのように，本課題は実行機能の要素を取り除いて心の理論のみを評価できる利点がある。

5）ストレンジ・ストーリーズ

二次誤信念課題まで達成できる人に対し，より高いレベルの心の理論課題としてハッペ（Happé, 1994）は「ストレンジ・ストーリーズ」を作成した。これは社会的文脈が含まれる点が誤信念課題にない特徴である。24のストーリーの中で「罪のない嘘」の課題は定型発達とASDの差が出やすいようであった。欲しくないプレゼントをもらったのに，送り主に「これ欲しかったの。ありがとう」と偽りの感謝を伝える主人公の意図がわかるかどうかを問う課題である。

ハッペは8歳台の定型発達児の通過率を85%と報告している。ハッペが高次

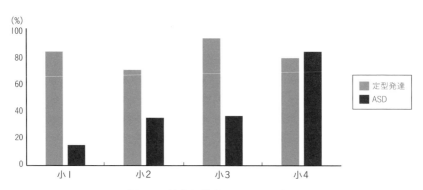

図5-5　妨害と欺き課題の通過率

の課題と位置づけているのと対照的に著者らのデータでは5課題中もっとも通過しやすかった。この差は，ハッペの課題では口頭で理由を述べるよう求めるのに対し，著者の課題では4つの選択肢から答えを選ぶという解答形式の違いの影響が考えられる。また，対人スタイルが相互依存的で相手の気持ちを忖度する日本の文化的環境のなかで育った子どもにとって共感的に理解しやすいストーリーなのかもしれない。ASD児と定型発達児の有意差は3年生でなくなる（図5-6）。

（3）ASD児における心の理論の発達

前項で示した心の理論課題の年齢別通過率をみると，ASD児では小学3年生から4年生に発達の節目があることがわかる。合計通過数の平均値は図5-7（次頁）のようになった。4年生になると定型発達児とASD児との間に通過数の有意差はなくなる。3年生～4年生すなわち9歳～10歳にかけて，知的障害のないASD児においては心の理論の発達に節目があるようである。

また，次のような日常行動の変化は心の理論の発達を示すものと思われる。いずれも心の読み取り指導を受けたASD小学生の母親の報告である（藤野ら，2014）。「自分の大好きな電車の話をしていて『〇〇のことは，ママはよく知らないよ。パパなら知っているかな？』と会話している相手の知っていること知らないことについて考えられるようになった。」「以前は私に電車や虫について難しいクイズをたくさん出していたが，〇〇君なら電車に詳しいから，などと

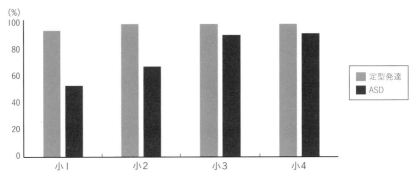

図5-6　ストレンジ・ストーリーズ「罪のない嘘」課題の通過率

人を選んで出すようになった。」これらは心の理論の発達と日常の社会的コミュニケーションとの関係を示すエピソードといえよう。

(4) 発達アセスメントとしての心の理論課題の使い方

　前項で示したようにASD児も一定の発達段階に達すると心の理論課題を通過できるようになる。しかし，テストで正答できても日常生活で心の読み取りができるとは限らない（Frith et al., 1994）。ポネットら（Ponnet et al., 2008）はASD者と定型発達者の心の読み取りの差は構造化されていない自由度の高い状況で明確になることを示唆した。テスト場面では心を読み取るべき場面が明示されるが日常場面はそうではない。また，テスト場面では正答を選ぶという目標に意識が向けられるが，日常生活場面ではいつも目標を意識しながら行動しているわけではない。ASD児は言語指示があれば心の読み取りができるが，自発的には困難なことは潜在的誤信念課題を用いた研究からも示唆されている（Senju, 2012）。

　しかしながら，テストではできることが日常場面でできないからといって心の理論課題の発達アセスメントとしての妥当性を疑うのは早計であろう。自発的にはできなくとも質問されるとできるということは臨床的に意味ある情報だからである。つまりそれは，ASDの人たちもそこに考えるべき課題があることに意識が向けば他者の心に気づけることを示唆している。そのような人に対し

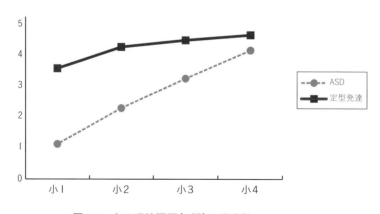

図5-7　心の理論課題（5問）の通過数

ては，心の状態に意識を向けやすくなる状況を設定すれば心の理解に導ける可能性がある。たとえばコミュニケーションのすれ違いを修復するために使われる「コミック会話」による支援はその可能性を活用した方法といえるだろう。人物の頭から浮かぶ吹き出しの雲（thought bubble）はメタ表象形成のための枠組みとなり，それを描いて示すことはASD児が相手の心の状態を想像するための足場かけになる。テストでは正答できても日常生活で自発的に気づけないレベルの心の読み取り力を獲得した子どもに適した支援法と考えられる。

注）藤野ら（2013）に，小学1年生（TD：男16名，女5名；ASD：男10名，女3名）のデータを追加したものである。

【文献】

Astington, J. W.（2001）．The future of theory-of-mind research: Understanding motivational state, the role of language, and real-world consequences. *Child Development*, 72, 685-687.

Baron-Cohen, S., & Howlin, P.（1997）．自閉症における「心の理論」の障害：教育と診断の問題．田原俊司，監訳，*心の理論（下）：自閉症の視点から*（pp281-300）．東京：八千代出版．（Baron-Cohen, S., Tager-Flusberg, H., & Cohen, D. J.（Eds.）．（1993）．*Understanding other minds: Perspective from autism*. Oxford: Oxford University Press.）

Baron-Cohen, S., Leslie, M., & Frith, U.（1985）．Does the autistic child have a 'theory of mind'? *Cognition*, 21, 37-46.

Bruner, J., & Feldman, C.（1997）．心の理論と自閉症の問題．田原俊司，監訳，*心の理論（下）：自閉症の視点から*（pp3-38）．東京：八千代出版．（Baron-Cohen, S., Tager- Flusberg, H., & Cohen,D.J.（Eds.）．（1993）．*Understanding other minds: Perspective from autism*. Oxford: Oxford University Press.）

Dennett, D. C.（1978）．Beliefs about beliefs. *Behaviour and Brain Sciences*, 4, 568-570.

Frith, U., Happé, F., & Siddons, F.（1994）．Autism and theory of mind in everyday life. *Social Development*, 3, 108-124.

藤野　博．（2005）．*アニメーション版心の理論課題ver.2*．DIK教育出版．

藤野　博・森脇愛子・神井享子・渡邉真理子・椎木俊秀．（2013）．学齢期の定型発達児と高機能自閉症スペクトラム障害児における心の理論の発達：アニメーション版心の理論課題ver.2を用いて．*東京学芸大学紀要 総合教育科学系*, 64（2），151-164.

藤野　博・宮下和代・椎木俊秀．（2014）．学齢期の高機能自閉症スペクトラム障害児に対する心の読み取り指導の効果．*東京学芸大学紀要 総合教育科学系*, 65（2），183-192.

Happé, F.（1994）．An advanced test of theory of mind: Understanding of story characters' thoughts and feelings by able autistic, mentally handicapped, and normal children and adults. *Journal of Autism and developmental Disorders*, 24, 129-154.

子安増生（1997a）．小学生の〈心の理解〉に関する発達心理学的研究．*平成 8 年度文部科学省研究費報告書*．

子安増生（1997b）．幼児の「心の理論」の発達：心の表象と写真の表象の比較．*心理学評論*，40，97-109．

Naito, M. & Koyama, K. (2006). The development of false belief understanding in Japanese children: Delay and difference?. *International Journal of Behavioral Development*, 30, 290-304.

Onishi, K. H., & Baillargeon, R. (2005). Do 15-months-old infants understand false beliefs?. *Science*, 308, 255-258.

Perner, J., Leekam, S. R., Wimmer,, H. (1987). Three-year-old' difficultiy with false belieaf: The case for a conceptual deficit. *British Journal of Developmental Psychology*, 5,125-137.

Perner, J. & Wimmer, H. (1985). "John thinks that Mary thinks that…" Attribute of second-order beliefs by 5-to 10-year-old children. *Journal of Experimental Child Psychology*, 39, 437-471.

Ponnet, K., Buysse, A., Roeyers, H., & Clercq, A. D. (2008). Mind-reading in young adults with ASD: Does structure matter?. *Journal of Autism and Developmental Disorders*, 38, 905-918.

Pylyshyn, Z. W. (1978). When is attribution of beliefs justified?. *The Behavioral and Brain Sciences*, 1, 516-526.

Russell, J., Mauthwer, N., Sharpe, S., & Tidswell, T. (1991). The 'windows task' as a measure of strategic deception in preschoolers and autistic subjects. *British Journal of Developmental Psychology*, 9, 331-49.

Rutter, M., & Bailey, A. (1997). 思考と脳と心の関係（心の理論と自閉症に関する若干の考察）．田原俊司，監訳，*心の理論（下）：自閉症の視点から* (pp301-332)．東京：八千代出版．(Baron-Cohen, S., Tager-Flusberg, H., & Cohen, D. J. (Eds.). (1993). *Understanding other minds: Perspective from autism*. Oxford: Oxford University Press.)

Senju, A. (2012). Spontaneous theory of mind and its absence in autism spectrum disorders. *Neuroscientist*, 18, 108-113.

Sodian, B. & Frith, U. (1992). Deception and sabotage in autistic, retarded and normal children. *Journal of Child Psychology and psychiatry*, 33, 591-605.

Sprung. M. (2010). Clinically relevant measures of children's theory of mind and knowledge about thinking: Non-standard and advanced measures. *Child and Adolescent Mental Health*, 15, 204-216.

Wellman, H. M., Cross, D., & Watson, J. (2001). Meta-analysis of theory-of-mind development: The truth about false belief. *Child Development*, 72, 655-684.

Wimmer, H. & Perner, J. (1983). Beliefs about beliefs: Representation and constraining function of wrong beliefs in young children's understanding of deception. *Cognition*, 13, 103-128.

第 III 部

実践編

第Ⅲ部　実践編

第6章　遊びを通したコミュニケーション支援

小山　正

1　言語発達支援における遊びの有効性

　療育者に支えられた子どもの遊びは学習を促進し（Singer, 2006），子どもの認知的発達と社会・情動的発達を動機づけ，促進することができる。筆者は，言語発達研究で明らかになってきたことを臨床につなげていくことを考え，人間精神の中核的な機能である象徴機能の発達という観点から，これまで子どもの言語・コミュニケーションの発達支援を能動的な子どもの遊びをベースとして行ってきた（小山, 2015）。また，前言語期にある象徴機能出現以前のある障害を抱える事例の言語・コミュニケーションの発達支援では，象徴機能の獲得や言語学習の認知的前提を検討してきた。

　象徴機能の発達といった点では，特に子どもの象徴遊びが注目される（小山, 2009, 2010, 2015）。就学前期にふり遊びを楽しむことと，後の他者理解や拡散的思考（divergent thinking）の発達との関連性を示すエビデンスが国際的にも提示され，その理論化も進められてきている（Kavanaugh, 2011; Gelman & Gottfried, 2016; Russ & Zyga, 2016）。

　子どもの日常生活における諸経験がどのように統合されているかという観点は言語発達支援を考えるうえで重要である。遊びをベースとした言語発達支援においては，療育者と子どもとの共同活動・体験の共有の過程で，子どもの諸経験の統合とそれに関わる表象能力（capacity for representation），そして，創造力や想像力を支えていく。ゴスワミは，「効果的な学習」は，子どもの提案に「支持的な結果」を子どもが経験する時に生じると述べている（Goswami, 2014）。筆者自身も発達支援の場が，子どものその後の学習や思考につながる「効果的な学習」の場になることを子どもとの遊びのなかで目指してきた（小

山, 2000)。また，療育者との子どもの象徴遊びには，子どもの日常的な現実経験や人との関係が筆者との場面に析出される。療育者との遊びを通して，村井 (1987) が言語と認知との関係を考えるうえで指摘している「子どもが日常のなかで，現実の何をどのように捉えて，意味づけているか」を考えることにより，保護者の日常での関わりへヒントを示すこともできる。

ピアジェ (1950) によると，言語は象徴機能の発達の現れであり，言語と象徴遊びは表象の発達に支えられているので，象徴遊びの進展とともに，子どもの言語発達も見られてくる。また，象徴遊びや言語の発達により表象能力も発達する（図6-1）。

一方，言語発達支援の臨床の場では，子どもの意図が理解され，プレイルームでの療育者との一体感のなかで形成される子どもの療育者への基本的信頼を基礎にして，療育者と子どもとの関係性の進展が遊びに見られ始める。そして，象徴遊びの場は子どもの他者認識（他者理解）が発達するのに良い場である（小山, 2010, 2015）。このことは，近年の定型発達の子どもを対象とした発達研究において，象徴遊びの発達と「心の理論」の発達との関連性が指摘されていることとも一致する（小山, 2012）。ゴスワミは，養育者とのふり遊びは，他者の心的状態の理解に有効であると述べている（Goswami, 2014）。この点については，自閉スペクトラム症（以下，ASDとする）の障害を抱える子どもやダウン症の事例においても報告されている（小山・神土, 2004; 柴田, 2008）。

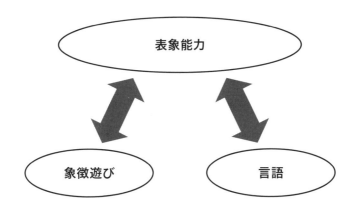

図6-1　言語と象徴遊びの関係（Fletcher & O'Toole, 2016）

2　初期の象徴遊びに見る発達

（1）物の慣用的操作に見る発達

　マッキューン（McCune, 2008）は，ピアジェの象徴遊びの発達段階を基に，定型発達の子どもの縦断的観察から，子どもの初期の象徴遊びを5つの水準に分け，言語発達との関係について詳細に検討した。その報告は，障害を抱える子どもの初期の言語発達評価や支援において示唆に富む。

　象徴遊びは，子どもの心的表象（mental representation）の発達の現れであるとして，マッキューンは初期の象徴遊びを「表象的遊び（representational play）」と呼び，表象的遊びと言語の両者は，現実を内的に表象する子どもの能力の進展を反映すると述べている（McCune, 2008）。

　子どもの象徴遊びを可能にする初期の発達は，事物の社会的使用である。マッキューンの水準では水準1に位置付けられている。筆者は，物の用途に合致した社会的な使用を「物の慣用的操作」と呼んできた（小山, 2010）。機能的遊びといわれる物への感覚運動的操作を基盤に，物の慣用的操作は見られてくる。物の慣用的操作は，物の社会的な使用であるので，他者との共同注意はいうまでもなく，他者がその物を扱う行為を観察学習や，模倣能力の発達が物の慣用的操作には関わっている。ASDの子どものなかには模倣の発達が遅れる事例があるが，そのような事例では，物の慣用的操作は見られていてもそのレパートリーが限られていることが多い。模倣能力には，さまざまな要素が関わっており，ナデルは，同一の複雑な行為の再生にはさまざまな要素が関係していることを指摘し，ロッシら（Rothi, Ochipa, & Heilman, 1991）の研究を基に表6-1に示すように模倣の構成要素を挙げている（Nadel, 2011）。模倣に困難さを抱えるASDの子どもの事例への支援の際にナデルが挙げている模倣の構成要素の発達を遊びをベースとした支援において検討していくことは有効であろう。

　ナデルの指摘は，近年，成人において注目されている身体化された認知（embodied cognition）に通じるものである。リズムを取ることなどは，認知発達に重要で，思考は動作的（actional）であり，動作が象徴につながるとト

表6-1　模倣の構成要素（Nadel, 2011）

- 注意（視覚的，聴覚的）
- 様相間転移（一つの感覚情報が他の感覚に転移される。例：見ないである物に触れた時に，われわれはそれを見た時どのように認識するかがわかっている）
- 自分自身の身体認識
- 運動産出
- 記憶
- 活動の統制
- 目的・手段の関係把握（行為の遂行に正しい動きができる）
- 下位目的の系列的な分析（一連の段階によって進む）
- 計画性（目的達成のための段階の順序を考慮する）
- 心的表象（対象，出来事，状況を指示する心象）
- 心的回転（別の空間に，あるいは他者を参照して，自分を別の位置に置くことを行うこと）

ルニック（Trninic, 2017）は述べている。例えば，身体化された認知の観点からは，前言語期にある子どもの物を操作する遊びでは，物のアフォーダンスだけではなく，姿勢や選択され好まれた反応を計算するために物の情報が用いられるといった指摘（Fischer & Zwaan, 2008）からも，子どもたちの物との関わりのなかで配慮していかねばならないことが示唆される。

また，感覚運動期の知覚や感覚運動的認識は，後の概念的認識につながることが報告されてきている（Goswami, 2014）。ピアジェのいう内化について，ゴスワミは「運動的類推（motor analogy）」であり，ピアジェは自分の子どもが現実の物との関係でとらえた空間関係を子ども自身の身体に関係づけて模倣したことを記述していると述べている（Goswami, 2008）。前言語期から物の慣用的操作の発達時期に向けては，アセスメントや感覚運動的な機能的遊びの支援において，感覚運動的認識が後の概念的認識につながることや運動的類推の観点は必要であろう。

言語発達では，物の慣用的操作が出現する時期には，「原言語（protolanguage）」が時間的に対応して観察される。重度の知的発達症の子どもでは，原言語の時期が長く続き，子どもの伝達意図が表現されることがある。ハリ

ディ（Halliday, 1998）によると，原言語は，養育者や身近な人との相互交渉において子どもによって創造されたものである。原言語期にある事例を見ていると，物の慣用的操作のレパートリーがまだ限られていることに気づく。この時期の支援では，われわれとの間での，子ども複雑になってきた伝達意図を理解していくことと，子どもにとっての「意味するもの」の形成を子どもにとってプレイフルな遊びを通して進め，関係性のなかで物の慣用的操作の安定を考えていく。

知的発達症や神経発達症を抱える子どもでは，物の慣用的操作に続いて見られるふり遊びが出現していても，事物を口に入れたりする物の感覚運動的操作が観察されることがある。そこに，この時期の非定型性がうかがわれる。初期のふり行為は対象と分離しにくいという点があり，それまでのその物への子どもの感覚運動的行為が状況によって見られてくることによる。これは，子どもの初期の言語において，特定の文脈や対象に限られて生じる文脈依存的な語から語が指示する外的世界の対象（物）や出来事との関係が分化した指示的言語へ移行していくプロセスや，指さし行動は見られていても状況によってはクレーン現象が引き続きよく見られることと類似しているのではいかと思われる。その一つの説明として，「切り離し（decoupling）」のプロセスがある。

物の慣用的操作は，レスリーによると「1次的表象」であり，現実に根差したものである（Leslie, 1987）。物の社会的使用が可能になり，物と物との関係づけを子どもが能動的に行う過程で対象についての知識が蓄えられていき，その物を別の物で表すという「2次的表象」が生まれてくる。その背景には，物の慣用的操作が子どもに見られた時期には，その物の慣用的操作のレパートリーが広がっていくことと，その安定化，そして物と物との関係づけが進展した後，ふり遊びが見られてくるので，これらの活動は「切り離し」につながっているといえよう。

（2）ふりの出現

物の慣用的操作とあたかもそれがあるかにように振る舞う「ふり（pretense）」との違いは，現実的な活動に「これはふりである」ことを示す微妙な手がかりが子どもの行為に示されることである（McCune, 2008）。微笑みや誇張された動作

が伴ったり，行為の簡略化が見られたりする。これらの行為によって，遊んでいる行為（意味するもの）と本当の行為（意味されるもの）との違いに気づいていることを子どもは示し，実際の文脈から「切り離された」ものであることがわかる。行為の簡略化は，前言語期の身振り（gestures）において既に観察されるものである。模倣の簡略化とも関係があるが，行為の簡略化は，物への動作的活動や他者との身振りの使用のなかで生じてくるものである。「バイバイ」という身振りが，初めは，手を上下して数回振ることで示していたのが，手を軽く振ることで表現するようになる。子どものこの身振りや模倣行為の簡略化には，先の「切り離し」の心性が働いており，ふりにつながっていると考えられる。また，初期の子どものふりには，微笑んでふり行為を周囲の大人に示すことによって，他者と表象を共有しようとすることが見られる。

　ふり遊びは当初は自己に向けられたものであるが，次第に他者にも向けられるようになる。このプロセスには，自分の視点を他者に向けるという発達があり，脱中心化と呼ばれ，他者理解の発達に向けて注目される（McCune, 2008; 小山, 2012）。近年では，他者のふりを見ることは，心の理論に関わる領域と重なる左中側頭回と下前頭回の活性化と関連があることが脳科学的研究からもエビデンスが示されている（Smith, et al., 2013）。

　また，「他者」と言う場合に，人とぬいぐるみや人形は分けて考えたほうがよく，人形は人のレプリカであり，人にふり行為を向けることと，ぬいぐるみや人形にふり行為を向けることとは区別する必要がある（小山, 2012）。

　人形にふり行為を向ける時期には，実物のお菓子を人形の口に持っていったりするようなことが観察される。筆者は，子どものこのような行為を「現実とごっこの混同」と呼んでいる（小山, 2009）。自分ができるなら，人形もできる。人形ができるなら自分にもできるといった子どもの心性が働いていると考えられ，「現実とごっこの混同」のような行為の解釈は難しいが，マンドラーは，現実と表象との関係の探索であるとしている（Mandler, 2004）。ASDの子どもで，例えば，シルバニア・ファミリーの用具にある小事物（ミニチュア）の用途に合った操作はできるが，口に入れる子どもがいる。小事物での物の慣用的操作が見られているので，象徴化は進んでいるが，現実とごっこの混同のひとつと考えられる。

一方，言語発達との関連では，この時期に，知的発達症の子どもにおいては，牛の絵カードを見て「わんわん」と言うような「語の過大拡張（overextensions）」が見られる事例がある。ゲルマンらは，語の過大拡張は，理解はできていることと言語産出との非対称性のギャップを埋めることによる子どもの創造的な伝達方略の使用であると述べ，創造性と関連づけていることは興味深い（Gelman & Gottfried, 2016）。

　他者が子どものふり遊びに含まれてくることでは，子どもは実際には自分はできないが，他者ができる行為のふりが見られる。障害を抱える子どもでは，この他者の行為のふりは頻度が少ない事例がある（小山，2009）。他者の行為のふりには，他者認識の発達が関連している。言語発達支援の場で継続して，子どもの能動的な物と物との関係づけや創造的な遊びを基に療育者との子どもにとっての「意味あるもの」を広げていく必要がある。

3　象徴遊びと言語に見られる結合能力

　自己に向けたふりや他者に向けたふり遊びに続いて，子どもは，玩具の空のカップを玩具のスプーンでかきまぜ，スプーンですくって食べるふりをするといったように，ふり行為を系列的に展開するようになる。マッキューンの水準では，水準4の結合的なふりに相当する。ふり遊びの結合には，行為それ自身の意味，統合したテーマによって，第一の動作に関連した第二の動作を行う運動システムの再体制化が必要とされる（McCune, 2008）。言語の場合も脱文脈的に使用されるには，その語の基盤となる音声の運動的体制化が必要とされる。したがって，指示的言語は，系列化されたふり遊びの構造に類似した構造をその基礎に持っているとマッキューンは指摘している（McCune, 2008）。

　ふりが系列化されて，ひとつのテーマの下に体制化された階層的な象徴遊びが見られる。マッキューンは彼女の象徴遊びの水準において，階層的な象徴遊びを水準5として位置づけ，象徴遊びの階層的な構造は，心の中で持たれている内的な目的あるいは「計画」と，そこからの外的な行為との関係から生まれて，外的に示されるごっこのための枠組みを子どもが体制化することであるとしている（McCune, 2008）。「物のみたて」も階層的な表象遊びのなかで見ら

れてくる。物のみたては，神経学的には，行為の予測や行為の誤りのモニターといった実行機能に関わる上側頭小葉における活性化が報告されており（Smith et al., 2013），物のみたてと実行機能との関連が指摘されている。また，スミスらはこのような知見は，ごっこ遊びに関わる認知過程が，認知的な創造性への過程として脳における情報処理と同一の経路を辿っているといえると述べ，ごっこ遊びと創造性との関連性を指摘している。階層的な象徴遊びに見られる現実とそのシミュレーションされた行為の意味の漸進的な分節化が創造性や実行機能の発達と関連しているといえる。

階層的な象徴遊びが見られて，言語では平均発話長であるMLUにスパートがかかり，多語発話が優勢になるとマッキューンは指摘している（表6-2・次頁, McCune, 2008）。非定型発達の子どもにおいて同様なプロセスが確認されている（小山, 2009）。

階層的な象徴遊びの時期から遊びをベースにした言語発達支援では，子どもの遊びに用いられる材料が，現実的なものから想像的なものへ，また，想像的なものから現実的なものへと変化する。さらに，遊びのテーマが明確になり，テーマも子どもの日常に近いテーマから事例においては想像的なテーマへと変化していく。そして，遊びにおける細かな出来事が系列的に展開され，テーマの下に遊びが体制化されるようになる。

体制化に関しては，療育者と子どもとの関係性を基礎に，結果的には子どもにとって楽しかったと感じられるように，療育者からの脱文脈的な象徴的働きかけの受容とその共有を考えていく。療育者とのこのような遊びの積み重ねは重要で，子どもの他者認識や社会的役割の認識につながり，階層的な象徴遊びのなかでの人形の使用においても確認され，人形に役割をもたせることも見られ始める。

象徴遊びの場面で，子どもの階層的な象徴遊びや役割のふりが安定してくると，筆者は遊びの次の段階である簡単なルール遊びも取り入れている。さらに，日常経験的な出来事の絵の配列によって，物ごとの起こるべき順序を絵で捉え，絵の様子をことばで概括し，ことばの使用と絵に関係ある詳細を概念化することも療育者とのプレイフルな遊びをベースとしたことばのやりとりのなかで進めていくことも筆者は行っている。このような過程を踏んで，子どもの言語表

表6-2 階層的な表象遊びへの移行期の言語発達 (McCune, 2008)

名前	ふりの開始水準2/3	文脈依存的語	水準4の遊び	指示的言語の産出	最初の多語発話	水準5の遊び	多語>単一語	MLU[a]スパート月齢	MLUスパート値
アリス	9	10	11	14	17	15	19	17/19	1.03/1.82
オウリ	12	14	13	14	17	19	24	19/21	1.08/1.36
リック	13	10	15	15	18	21	22	21/22	1.32/1.74
ララ	12	15	14	15	20	18	22	20/22	1.03/2.48
ジェイス	12	14	15	15	17	18	24	21/23	1.06/1.45
カリ	10	16	12	16/18	23	19	—	—	—
ロニー	11	11	15	16/18	18	22	—	23/24	1.09/1.22
ネニ	12	11	17	21	23	22	—	23/24	1.01/1.24
ヴィド	13	13	16	17/19	21	21	—	21/22	1.06/1.27
ダニー	13	16	18	27	27	22	—	—	—

a MLU(平均発話長)は1セッションでの全ての言語的表現の平均である。
註：1. 表中の数字は出現月齢を示している。
　　 2. 水準2はふりの出現で，水準3は他者に向けたふりである。

現への志向性が一層高まり，新たな語彙が増加し，それらの語の意味も深まっていく。

4 遊びのなかでなされる子ども創造的な認知的作業と他者認識の発達

スミスは，子どもは現実を表象する新たな方法を創造し，象徴遊びは，現実から新たな構成要素を取り出すと述べている（Smith, 2010）。その基礎には，子どもの対物活動と他者認識の発達があるのではないかと考えられる。

「遊びは，自然だが，子どもの行動の特別な側面である。子どもの遊びを方向づけることはできないが，これから先に見られる子どもの自然な遊びの傾向を可能にする状況を調整しなければならない」とマッキューンも述べている（McCune, 2008）。

子どもの理論化の発達は，子ども自身のハードな認知的作業によって創造的であり，その作業は，より経験のある他者からの足場作り（scaffolding）によ

る社会的文脈においてなされるとゲルマンらは述べている（Gelman & Gottfried, 2016）。それには，前言語期から自己が理解され，基本的に信頼をおく他者を自己のなかに取り込み，自己化していく他者認識の発達が関係している。また，子どもと物との世界の広がりも大きく影響する。これらの発達と並行して言語の形態（form）に変化が見られてくる。

　他者認識は，対人理解力につながり，当然，それが言語の使用や他者とのコミュニケーションに大きく影響すると考えられる。言語発達は連続であるが，発達におけるリアルタイムなダイナミクスに焦点を当てる。このことはこれまであまり問題にされてこなかった。遊びを通した発達支援では，それが可能であり，また，子どもとのそれぞれのセッションにおいて，そこに焦点をあてる。その結果，子どもにとってのわれわれとの間での「意味されるもの」につながると筆者は考える。

【文　献】

Fischer, M. H. & Zwaan, R. A.（2008）．Embodied language: A review of the role of the motor system in language comprehension. *The Quarterly of Experimental Psychology.* 61（6），825-850.
Fletcher, P.& O'Toole, C.（2016）．*Language Development & Language Impairment: A Problem-Based Introduction.* West Sussex: John Wiley Sons.
Gelman, S. A. & Gottfried, G.M.（2016）．Creativity in young children's thought. In J. C. Kaufman & J. Baer（Eds.），*Creativity and Reason in Cognitive Development. 2nd ed*（pp 9-32），Cambridge: Cambridge University Press.
Goswami, U.（2008）．*Cognitive Development: The Learning Brain.* East Sussex: Psychology Press.
Goswami, U.（2014）．*Child Psychology: A Very Short Introduction.* Oxford: Oxford University Press.
Halliday M. A. K.（1998）．*The essential Halliday.* J. J. Webster（Ed.），（2009）．New York: Continuum.
Kavanaugh, R. D.（2011）．Origins and consequences of social pretend play. In A. Pellegrini,（Ed.），*The Oxford Handbook of The Development of Play*（pp 296-307），Oxford: Oxford University Press.
小山　正．（編）(2000)．ことばが育つ条件．東京：培風館．
小山　正．（編）(2008)．言語獲得期の発達．京都：ナカニシヤ出版．
小山　正．(2009)．言語獲得期にある子どもの象徴機能の発達とその支援．東京：風間書房．

小山　正．(2010)．意味発達を支える象徴機能．秦野悦子（編），生きたことばの力とコミュニケーションの回復 (pp 45-59)．東京：金子書房．

小山　正．(2012)．初期象徴遊びの発達的意義．*特殊教育学研究*, 50, 363-372．

小山　正．(2015)．遊びを通したことばの発達支援：象徴遊びの過程で言語発達につながるもの．*発達*，141, 12-16．京都：ミネルヴァ書房．

小山　正・神土陽子．(編)(2004)．*自閉症スペクトラムの子どもの言語・象徴機能の発達*．京都：ナカニシヤ出版．

Leslie, A. M. (1987). Pretence and representation: Origins of "theory of mind." *Psychological Review*, 94, 412-426.

Mandler, J. M. (2004a). *The Foundations of Mind*. Oxford: Oxford University Press.

McCune, L. (2008). *How Children Learn to Learn Language*. New York: Oxford University Press.（小山　正・坪倉美佳（訳）(2013)．*子どもの言語学習能力―言語獲得の基盤*．東京：風間書房）

村井潤一．(1987)．*言語と言語障害を考える*．京都：ミネルヴァ書房．

Nadel, J. (2014). *How Imitation Boosts Development: In infancy and Autism Spectrum Disorder*. Oxford : Oxford University Press.

Piaget, J. (1950). *The psychology of intelligence*. London: Routledge & Kegan Paul.

柴田綾子．(2008)．子どもの心的状態語と助詞の獲得：ダウン症の子どもの事例を通して．小山　正．(編)，*言語獲得期の発達* (pp 125-148)．京都：ナカニシヤ出版．

Singer, J. L. (2006). Epilogue: Learning to play and learning through play. In D.G. Singer, R.M. Golinkoff, & K. Hirsh-Pasek, (Eds.), *Play=Learning: How play Motivates and Enhances Children's Cognitive and Social-Emotional Growth* (pp25-262). New York: Oxford University Press.

Smith, E. D., Englander, Z., Lillard, A.S., & Morris, J.P. (2013). Cortical mechanisms of pretense observation. *Social Neuroscience*, 8 (4), 356-368.

Smith, P. K. (2010). *Children and Play*. Oxford: Wiley-Blackwell.

Trninic, D. (2017). Embodied patterns of knowing: Investigating the role of rhythm in cognition and development. *47th Annual Meeting of The Jean Piaget Society*, San Francisco, USA, Symposium Session 3.

Rothi, L. J. G., Ochipa, C., & Heilman, K.M. (1991). A cognitive neuropsychological model of limb praxis. *Cognitive Neuropsychology*, 8, 443-458.

Russ, S. W. & Zyga, O. (2016). Imaginative play. In J. C. Kaufman & J. Baer (Eds.), *Creativity and Reason in Cognitive Development. 2nd ed* (pp 52-71), Cambridge: Cambridge University Press.

第Ⅲ部　実践編

第7章　話し言葉の発達と支援

大伴　潔

1　はじめに

　「言葉の発達が遅い」という場合，有意味語の数が増えないという意味が込められていたり，1語文や2語文から語のさらに長いつながりに移行しないという訴えであったりする。この場合，「言葉」は意味（概念）と音が結びついた形式である語彙と，語彙同士をルールにもとづき結びつける文法から成る記号の体系である。これは，「言語」(language) という領域に該当する。一方，話し言葉には，発音された音の正確さや流暢さも求められる。手話や文字による表現とは異なり，声帯や構音器官を駆使した音声による表現が欠かせない。これは「発声・発語」(speech) 領域である。さらに，話し言葉は場面や文脈に沿った適切さに欠ければ，話し手の意図は十分に伝わらないこともある。他者に向けた，場面や発話者の意図に応じた表現は，「コミュニケーション」(communication) という領域に対応する。これは語彙知識や文法的な力とは別の，言語の運用面にかかわる領域であり，語用論とも呼ばれる。このように，話し言葉には，言語，発声・発語，コミュニケーションという3つの領域がある。本章では，このうち，発声・発語領域である構音の発達について概観し，その後，言語領域の発達について解説する。

2　構音の発達と困難のタイプ

（1）乳児期から幼児期までの構音の発達

　一般的な発達は，乳児期に徐々に言葉に近い音を産出する過程がある。出生

直後の鼻にかかる曖昧な母音から，生後2～3か月頃には，穏やかな発声の際に，奥舌の子音である［k］や［g］が含まれる「クーイング」と呼ばれる段階，6～10か月頃には子音のレパートリーが増加しはじめ，規準喃語と呼ばれる明確な音節が形成される拡張期がある。その後，［da da da］といった同じ音節がつながる反復喃語が出現し，最後に異なる音節を一続きに言う多様的喃語に変わっていく。このように単純な音節構造から，より複雑な音節構造へと進展する過程があり，乳児期は語彙の獲得に向けた構音面での準備期間であると言える。

（2）構音の困難の背景要因

　構音に誤りがあり話し言葉が不明瞭になる場合，それは主に子音の置き換えや省略，歪みに起因する。子音は「どこで」作られるか（構音位置）と，「どのように」呼気の流れが妨げられるか（構音様式）の2つの側面で特徴づけられ，置換による構音の誤りはこの2側面で分析できる。例えば，サ行音が正しく構音できず，「おそら（お空）」が「オショラ」となる幼児は少なくないが，ソの［s］は舌先を上の歯茎に近づける「歯茎音」である。舌先で狭めを作るのではなく，やや後方となる舌の中ほどが持ち上がり，歯茎よりも後方で狭めが作られると「ソ」が「ショ」のように聞こえる。一方で，「おそら」が「オトラ」となる子どももいる。［s］は狭い隙間から呼気を通して擦れるような音を出す「摩擦音」である。舌先のコントロールが十分でなく，舌先で呼気の流れを止める「破裂音」の［t］に置き換わると「オトラ」となる。このように，唇や舌のどの部分のどのような動きが難しいのかを分析することにより，誤りのパターンが見えてくる。このような分析や支援のあり方の検討については，言語聴覚士との連携が重要である。

　上の例は幼児の発話にしばしば現れる誤りであるが，構音障害と呼ばれる状態には以下の3つのタイプがある。

機能性構音障害：発音にかかわる器官に構造上の問題がなく，神経学的な原因もないにもかかわらず，音の置換や歪みなどが見られる構音障害である。比較的一貫した誤りが生じ，年長幼児や学齢児に最も一般的なタイプである。一般

的には幼児期後半に正しい構音が確立してくるのに対し，誤りが残り続けるため，仲間から誤りの指摘を受けたり，からかいの対象になったりしやすい。
器質性構音障害：構音にかかわる器官の構造に問題があることが原因であり，生まれつき口蓋に裂け目のある口蓋裂が代表例である。
運動障害性構音障害：神経学的な問題が原因であり，脳性まひによる構音の困難がこれに該当する。話し言葉の習得に依存せず，絵の指さしやタブレット端末などの機器を使って音声を産出するAAC（補助・代替コミュニケーション）が有効な支援方法になる場合が多い。

　知的発達に遅れのある子どもに一貫した構音の誤りが見られる場合，さらに別の要因が関与することがある。ひとつは語音の弁別能力である。自分の誤った音形を修正するには，音を正しく聞き分けていることが前提となる。例えば，サ行音がタ行音になる子どもに指導をするには，［s］と［t］の聴覚的な弁別ができなければ構音の指導は成果があまり期待できない。また，ダウン症の子どもでは「じどうしゃ」を「シャ」のように語尾の音節だけで表現する場合がある。この背景には，音節の連続を言うことが難しいという構音運動の問題だけでなく，音節の連続を記憶することが困難で，音形の一部だけを覚えているという要因も考えられる。音節を正しくつなげるには，語の正しい音形のイメージ（音韻表象）を育てていく必要がある。

3　語彙の発達

（1）語彙の獲得

　視線はコミュニケーション手段の一つのであるが，乳児期から幼児期初期において，相手の視線や指さしの方向に自分の注意を向けることができる子どもほど，半年や1年後に理解・表出できる語彙が豊かであることが示されている（Delgado et al., 2002）。一方で，大人の言葉かけの仕方が子どもの言語習得を左右することも知られている。14〜23か月の定型発達児では，大人が見せている物に子どもの注意を向けさせてその名前を聞かせるよりも，子どもが自発的

に注意を向けている物の名称を聞かせる方が効率的に語を学習する（Tomasello & Farrar, 1986）。言語獲得の初期の段階では，大人がやり取りの主導権を握ろうとするよりも，子どもの関心の対象を探り，その事物にかかわる言葉を聞かせることが語彙の学習に効果的であることが示唆されている。

なお，有意味語が獲得される以前の段階でも，「バイバイ」の意味で手を振ったり，「イナイイナイバー」遊びで「バー」と発声したりすることがよく見られる。このような身ぶりや発声が生起する場面には，日常生活で繰り返し起こるパターン化した流れ（ルーティン）にもとづくやり取りを含むことが多い。言葉を学ぶ機会となるこのような状況をブルーナー（Bruner, J.）は「足場」と呼んだ。日常生活には，食事場面の「いただきます」や，外出前にくつを履かせる場面での「おすわり」など，定型的な言葉を経験する足場が豊富にある。

個人差はあるが，1歳台前半ごろに有意味語（初語）が獲得される。「ママ」「マンマ」「ブーブ」「ワンワン」「アッタ」「ナイ・ナイナイ」「イヤ」などが早く獲得されるが，多くの子どもでこれらが共通して早期に獲得される背景には，以下の要因が考えられる：①子どもにとって語用論的な必要性の高い語（例：助けが必要な時の「ママ」や，空腹時の「マンマ」，大人の介入を拒否する「イヤ」など），②興味・関心の対象を表す語（例：子どもの興味を反映する「ブーブ」「ワンワン」，物を見つけたことを示す「アッタ」など），③同じ音が繰り返される語（例：反復喃語の延長線上にあると考えられる同音節の繰り返しである「ママ」「マンマ」「ブーブ」「ワンワン」など），④意味が分かりやすい語（例：擬音語から派生する「ブーブ」「ワンワン」など）。

（2）語彙レパートリーの増加

典型的な発達では，1歳台後半以降に，語彙が急速に増えていく。名詞以外の品詞については，以下のような発達的傾向が認められる。

動詞の語尾：日本語の動詞の語尾には活用形があり，助詞も連続する。動詞の語尾形の獲得によってさまざまな意味が付加されていくが，語尾レパートリーが拡大する過程には個人差を超えた順序性が見られる（大伴・宮田・白井，

2015)。最も早期に出現する形には以下の種類がある：たべる（非過去），たべた（過去），たべて（命令），たべちゃう（完成相），食べない（否定），食べてる（継続相）。続いて，3歳頃までに一般的には次のような語尾形の獲得へと展開する：たべて（連接），たべよう（提案），たべたい（願望），たべたら（仮定），たべます（丁寧），たべ（ら）れる（可能性）など。このような子どもの語尾形の発達順序は，母親の語りかけに含まれる語尾形の使用頻度と関連しており，子どもにおいて出現が早い形ほど，母親の使用頻度も高い傾向がある。しかし，母親のモデル提示の頻度が子どもの獲得の順序に影響を与えているという一方向的な関係を示唆しているとは限らない。母親は子どもの関心の対象や発話意図を汲みながら言葉かけをしている。したがって，母親と子どもがともに参加する生活や遊び場面において，両者は要求や自己主張，誘いかけ，叙述といった同じような語用論的機能を反映する発話が多くなる。このような語用論的機能の共有が，一方で子どもの側の獲得順序として表れ，他方で母親の使用頻度という指標に示されているとも考えられる。

形容詞：発達初期に現れる形容詞のひとつに「大きい」がある。この語を聞く頻度は多く，大きさの特性は視覚的に把握しやすいことも反映していると考えられる。一般的に，「大きい－小さい」といった大小，長短，高低などを表す語の対は感覚的に強調されやすい語（例：大きい，長い，高い）から先に獲得される。また，4歳台後半から6歳台前半の幼児を対象としたデータ（国立国語研究所，1980）によると，形容詞の対の間でも大まかな順序性が示されている。「大きい－小さい」に対し，「長い－短い」は長さのある物体に限定され，「高い－低い」は上下に限定的な意味であるなど，正確な意味理解に必要な認知的基盤が獲得順序を規定する要因のひとつになっている。

疑問詞：疑問詞の獲得順序にも聞く頻度や意味の複雑さが反映すると考えられる。2歳前半頃に「なに」が獲得され，その後，「どこ・どれ・だれ・どっち」などが続き，最後に「どうして・いつ・どう・どの・どんな」へと広がっていく傾向がある。「どうして」や「いつ」の正確な使用は，それぞれ因果関係や時間の理解が前提となるため，子どもの認知的基盤の前提が順序性の背景にあると考えられる。

（3）語彙獲得の支援

　乳幼児への親の語りかけの特徴として，ゆっくりした速度や，強調された抑揚，特定の語彙の繰り返し，単純な文型などの特徴があり，対子ども発話（child-directed speech：CDI），母親語（マザリーズ），育児語などと呼ばれている。このような語りかけは，話者や言葉に子どもの注意を引きつけるという点で語彙の獲得に有利に働くと考えられる。先に述べた，子どもの注意の対象に関する言葉かけが語彙の習得につながりやすいという知見も発達支援に有用である。子どもが注意を向けている対象や，子どもが行っている行為について言葉かけをすることを言語的マッピングと言う。言語的マッピングは，子どもを取り巻く世界を言葉で意味づけしていくプロセスである。語の意味的複雑さについても配慮し，子どもの認知発達水準に合ったやさしい語彙を用いることが望ましい。

　語彙獲得の支援では語用論的な観点も重要である。語彙の使用は，人とのかかわりの中で意思疎通に役立つことで強化される。コミュニケーションにおける機能には，ものの要求（「おやつ」「もっと」），行為の要求（「見て」「だっこ」），叙述（「新幹線」「速い」），共感（「おいしい」「かわいい」）といったものがある。共感的なかかわりのなかで，伝達機能を伴う語彙表現をモデル提示したり，促したりすることが語彙の獲得につながる。

　さらに，言葉はパターン化した流れの中でも獲得されやすい。ルーティンは他者とのやり取りを成立させる共通の土台となるだけでなく，次に起こる出来事が予測できるために自発的な参加がしやすくなり，そこで使われる言葉の意味が理解されやすいという利点がある。絵本を介したかかわり場面や，参加者が話題や意図を共有できるごっこ遊びも意味理解を支える足場となる。

　これらをまとめると，次のようなかかわりが推奨されると言える。子どもの行為に擬音語や簡単な語彙による短い文を添える。子どもの注意をひくように語りかけのスピードや抑揚を調整する。遊びや日常生活のルーティンの中で語用論的な必要性のある言葉や子どもの注意をひきつける事物についての語りかけを行い，対人的文脈の中で言葉を使用する機会を提供する。手遊び歌など，対人的やり取りを楽しみながら相手に注目し，相手の動きを模倣したり，リズ

ムとパターンのあるやり取りを行ったりする。繰り返しのある遊びのなかで，継続の要求をサインや発声で表現させる。このような子どもへのかかわりの調整は，親を介した発達障害のリスク児への早期介入プログラム（Mahoney & MacDonald, 2007）や，言語・コミュニケーション・認知等への包括的なプログラムであるEarly Start Denver Modelなどにおける幼児へのかかわり方のガイドラインにも取り入れられている。

4 文法の発達

（1）語連鎖の産出から文法の確立へ

　語彙がある程度まで拡大する1歳台後半以降に，2語の連鎖が出現し始める。初期の2語文は「これ＋○○」（例：「これトラック」）など型にはまった語の組み合わせであったり，「行為主＋行為」（「ワンワンねんね」），「対象＋行為」（「アイスたべる」）など2つの語の意味的関係性を表したりする。動詞，形容詞，指示詞（「こっち」など）も増えて徐々に語連鎖表現が多様化していく。

　初期の語連鎖では，格助詞（「が」「を」「に」など）や係助詞（「は」「も」など）が省略された形で単語が連続するため，曖昧さを含む発話になることもある。「おかあさん，どうぞしてる」という発話が意味するのは「お母さんがあげている」と，「お母さんにあげている」のいずれであるかは状況によって判断される。場面に依存しない正確な伝達には，格助詞の使い分けの習得を待つ必要がある。

　助詞の中でも「おいしいね」のような終助詞は，一般的に格助詞よりも早く出現するが，「が」や「は」は概ね2歳から3歳にかけて自発話で使われるようになる。ただし，格助詞を使うようになっても，必ずしも子どもがそれらの意味を正確に理解しているとは限らない。格助詞を含まない「男の子，ボール投げる」という文が通じるのは，最初の語が行為主であると考える聞き手のバイアスや，「ボール」が行為主にはなり得ないという意味的手がかりを使っているからである。幼児もこの方略を使うため，「ネコを犬が追いかけました」のように行為主が2番目の名詞である文では，幼児は冒頭のネコを主語とみな

して，「ネコが追いかけた」と理解する誤りを生じる。語順にかかわらず，助詞を手がかりにして文を正確に理解できるようになるのは，概ね5歳以降と考えられる。なお，正確な文の理解は文法能力だけでなく，助詞という文の細部も聞き落さない注意力や，文全体を聞き終わってから主語と述語の関係などを再構築するためのワーキングメモリーも土台になっている。

(2) 語連鎖・文法面の発達支援

語連鎖や文法面の力を伸ばすと考えられるかかわりの工夫のひとつに拡張模倣がある。拡張模倣とは，子どもの発話（「おくつ」）に対して2語文（「おくつはくの」）で応じるというように，文の要素を付け加えて模倣することを指す。そのほかにも，「ブーブあっち」を受けて「車あっちね」「ブーブお外ね」などとより明確な語彙を使って聞かせたり，「お皿がこわれた」に対して「お皿が割れたの」と修正して聞かせたりするフィードバックの仕方（リキャスト）もある。このような言語的フィードバックは子ども自身の発話に基づいているため，子どもとしては意味が伝わったという伝達の満足感が得られるとともに，文構造や意味内容において高次化されたモデルが提示されるという利点がある。日常生活や遊びの文脈のなかで言語的応答に工夫を加えることで，言葉のやり取り自体が支援的な機能を有することになる。

5 説明・語りの発達

(1) 説明や語りのための言葉

2歳台後半頃から「おくつはどうするの？」という問いに対して「はく」と答えるなど，物の用途を説明できるようになってくる。このように，次第に言葉による説明や論理的表現の力が伸びていく。「おなかがすいたらどうする？」といった仮定の場面での対応を推論する力もついていく。

3歳頃は一つの出来事だけについて話したり，時系列的に連続する複数の出来事について述べたりすることが多い。ひとつの文の中でも，接続助詞「て」を使うことができれば，「食べて，帰って」のように連続する形が比較的早く

から可能である。接続表現のレパートリーも増え，「食べたら」「遊んでいると」などの接続助詞や，「だから」「そして」といった順接の接続詞，「でも」などの逆接の接続詞を学ぶことにより，表現が多様になっていく。4歳台以降に複数の文をつなげて一つのまとまった話しの流れを表現する語りのスキルも徐々に上達していく。

　語りは，適切な語彙を選択し，文法的に整え，適切な接続表現を用いる必要があるといった点で，総合的な言語力を反映していると言える。それ以外にも，複数の時系列的な場面を想起できるか，適切な順序で並べることができるか，聞き手も共有している情報は適宜省略しながら聞き手にとって未知の情報を言語化して伝える配慮ができるかといった認知的側面の発達も関与している。

(2) 説明・語りの発達の支援

　説明力は，子どもを取り巻く世界への関心や，事物の特徴の理解などの認知面の支えを前提としているため，言語的知識や文法力以上のものが求められる。日頃より身の回りの多様な側面について子どもの関心を導き，説明するための語彙を経験させることが望ましい。提示された状況について，なぜこうなったのか，この後どうなるのか，どうすべきかなどについて推論できることは，言語表現力の側面だけでなく，コミュニケーション行動の基盤としても重要である。絵本の読み聞かせは，語りの原型となるストーリーを経験する機会となる。子どもが行ったことについて言語化したモデルを聞かせることも，語るスキルにつながると考えられる。

6　幼児期後期から学齢期にかけての発達課題

　幼児期の後半頃から，しりとりやだじゃれ，なぞなぞなどの言葉遊びを楽しむことができるようになってくる。言葉の意味について考えたり，それを自分が知っている別の言葉で説明したりするメタ言語的活動は，学齢以降の言語学習の土台となる。また，学齢期には，日常生活では耳にすることはないが，教科学習で使われるより抽象度の高い語彙（「垂直」など）を習得することが期待される。文字の習得とあわせて，辞書で語の意味を調べて理解することが可

能になってくる。

　語りや作文においては，思いつくままに表現するのではなく，「いつ・どこで・だれが・どうして」といった観点を交えて，順序を整理して構成することが期待されるようになる。物語文や説明文を聞いたり読んだりする場合も，登場人物の感情の理解や，文章の論理性についても理解することが求められる。

　コミュニケーション面では，学級集団を単位とした発表や，班の小グループの中での意見表明が求められる。大人との個別的なかかわりでは適切に振る舞えても，子ども同士のグループや学級ではうまく自分を表現できない子どももいる。このような活動に参加できるように，特定のテーマについて自分の考えを述べたりする経験を積むことが期待される。

【文　献】

Delgado, C. E. F., Mundy, P., Crowson, M., Markus, J., Yale, M., & Schwartz, H.（2002）. Responding to joint attention and language development: a comparison of target locations. *Journal of Speech, Language, and Hearing Research*, 45, 715-719.

国立国語研究所.（1980）. *幼児の語彙能力*. 東京：東京書籍.

Mahoney, G. and MacDonald, J. D.（2007）. *Autism and Developmental Delays in Young Children: The Responsive Teaching Curriculum for Parents and Professionals*. Austin, TX: Pro Ed.

大伴　潔・宮田 Susanne・白井恭弘.（2015）. 動詞の語尾形態素の獲得過程：獲得の順序性と母親からの言語的入力との関連性. *発達心理学研究*, 26（3），197-209.

Tomasello, M. & Farrar, M. J.（1986）. Joint attention and early language. *Child Development*, 57, 1454-1463.

第Ⅲ部 実践編

第8章 読み書きの発達と支援

高橋 登

1 読み書きの始まり

(1) シンボル理解の始まりと文字

　シンボルは，あるもの（たとえば実際の犬）を，別のもの（犬の絵や，「いぬ」という文字列）によって表現したものであり，交通標識や，楽譜，地図など，私たちは様々なシンボルに囲まれて生活している。なかでも絵や文字は，子ども達にとって最も身近なシンボルであると言えるだろう。子ども達は，早ければ1歳代の後半から，単なるなぐり描きではない，意味のある絵を描き始める。初めのうちは，なぐり描きしたものをたまたま風船に見立てるように，結果として有意味な絵になっている場合や，母親にウサギやピカチュウの絵を描くように求め，そこに目を描き入れるように，周囲の大人との共同作業のようなものが多いが，2歳代になると自分で最初からお母さんを描くなどと言って，まるの中に点や線をくしゃくしゃっと描き込むというように，意図的で，少なくとも子どもにとっては意味のある絵を描くようになる。

　日本のように，活字が家庭にあふれ，周囲の大人も日常的に読み書きをする姿に接する子ども達にとっては，文字もまた最初から身のまわりに存在する「自然な環境」である。実際，2歳代も後半になると，文字と絵を区別するようになる。たとえば，ドラえもんを描くと言ってドラえもんの絵を描いた子どもが，その横にドラえもんの名前を書くと言って文字らしいものを書き込むことも多い（図8-1・次頁）。この時期の子ども達にとって，絵は，それが表現したものと似ていることを条件とするシンボルであるが，文字は，棒線や丸の組み合わせでできているといったような，絵とは異なる形式的特徴を備えたシンボ

ルであると考えているようである。

（2）萌芽的リテラシー

　幼児期を通じて，子ども達は，遊びの中で文字を使った様々な活動を展開する。手紙を書いたと言って持ってきたり，レストランごっこでメニューを作ったり，あるいは，お気に入りの絵本を読んで（読んだふりをして）くれることもある。この様に，実際に読み書きができるようになる前の，けれども絵とは異なるシンボルであるという文字理解に基づいて，子ども達が遊びの中で展開する諸活動を，萌芽的リテラシー（emergent literacy）と呼ぶ（Teale & Sulzby, 1986）。

　子どもの描いたドラえもんの絵がドラえもんを表しているように，一般に，絵とそれが表現するもの（指示対象）との間には直接的な関係がある。一方，文字は，読み書きができる大人にとっては，言語音と対応し，それを介して指示対象を指し示すものであり，指示対象との関係は間接的である。このことか

（1）ドラえもんの絵描き唄を歌いながら

（2）「ドラえもん」と言いながらドラえもんの名前を書く

（3）「ももちゃん」と言いながら自分の名前を書く

図8-1　「文字」による表現の始まり（2歳0カ月）

ら，絵を1次的シンボル，文字を2次的シンボルとして区別することもある。ただし，萌芽的リテラシー期の子ども達にとっての文字は，2次的シンボルとしての文字とは，質的に異なるもののようである。この時期の文字理解の特徴をよく示すものとして，カード移動課題（moving word task）が知られている（Bialystok, 1992）。字がまだ読めない子どもに，単語が書かれたカードを見せ，読み方を教える（たとえば，『ねこ』と書かれたカードを見せて，「ねこ」と読むことを教える）。そのカードをねこの絵の下に置き，何と読むか再度尋ねると，子ども達は「ねこ」と答える。次に，そのカードが，風が吹くなどして偶然に，隣に置かれた椅子の絵の下に移動してしまう。そのようになった後で，再度そのカードは何と書いてあるのか尋ねると，「いす」と答える子どもが多いのである。子ども達は，同じ文字列であっても，状況によって読み方が変わると考えているようである。図8-1でも，ドラえもんの名前も自分の名前も同じように表現しているように，この時期の子どもは，同じシンボルであっても，状況によって異なるものを指し示すこともあると考えているのかもしれない。また，この時期の子どもの中には，自分の名前を正しく読んだり書いたりできる子どももいるが，その場合でも，名前をひとかたまりのものとして覚えているようであり，それぞれの文字の読み方を尋ねても，まとまりとして名前を答えてしまうことが多い。

（3）音韻意識

　音韻意識（phonological awareness）とは，話し言葉について，意味にではなく音の方に注意を向け，操作する能力を指す。「つくえ」が目の前の机を指すだけでなく，最後の音が「え」であるとか，逆から言うと「えくつ」と言えるような能力である。音韻意識は，多くの言語で読みの習得の前提となることが知られている（天野, 1986など）。音韻意識がなければ，文字が音に対応していることをそもそも理解することができないからである。すなわち，萌芽的リテラシー期の文字理解から，2次的シンボルとしての文字理解への移行を支えるのが音韻意識である。音韻意識を測る課題としては，様々なものが知られている。たとえば分解（タッピング）課題では，絵や音声で示された単語を，音節などに区切って発音したり，手拍子を取る。音韻意識は通常，4歳くらい（幼

稚園であれば年中児）から急激に発達する。分解課題でも，最初は「てつぼう」と言いながら一度しか手をたたかなかった子どもが，「てつ・ぼう」，「て・つ・ぼう」，「て・つ・ぼ・う」のように，音節，さらに，それよりも細かなモーラ単位でリズムを刻むことができるようになる。このように，音節単位，あるいはモーラ単位で音を操作できるようになると，多くの子ども達は平仮名が読めるようになる（天野, 1986）。

　しりとり，なぞなぞ，回文，だじゃれなど，子どもの周囲には様々なことば遊びが存在する。こうしたことば遊びは，音韻意識と密接な関わりがあることが知られている。たとえば，しりとりができるためには，単語の語尾音を取り出すことが必要であるばかりでなく，その音から始まる単語を思い浮かべることができなければならない。そうした意味で，しりとりのようなことば遊びを楽しむためには，一定の音韻意識が前提となる。しかしながら，自分ひとりでは適切に答えることができない年少の子どもでも，年長のきょうだいや大人の助けがあれば，遊びに参加し，楽しむことは十分に可能である。年長者は年少の子どもが遊びに参加できるように，さまざまなヒントを与える。ある場合には答えるべき語尾音が何かを教え，ある場合には答えるべき単語のヒントを与える。たとえば，「スイカ」に対し，次は「か」のつくものを答えるんだよと教え，場合によっては「か」のつく「黒くてカーカー鳴く鳥ってなに？」などとヒントを出し続ける。周囲の年長者はこのように足場かけ（scaffolding）をすることで，十分な音韻意識を持たない子ども達であっても遊びに参加し，楽しめるだけでなく，そうした経験が子ども達の音韻意識を育てることにもなる（高橋, 1997）。

　さらに，日本の子ども達が最初に読み書きを身につける平仮名は，アルファベットと比べて文字と対応する音の単位が大きく（平仮名の各文字は，おおむね子音と母音の組み合わせからなる音節に対応するのに対し，アルファベットは，それぞれの文字が子音・母音といった音素に対応する），しかも，英語などと比べると，文字と音との対応関係が規則的である。こうした理由から，子ども達の多くは，清音・濁音・半濁音といった，文字と音との対応関係が規則的な平仮名の読み書きができるようになってから小学校に入学する（島村・三神, 1994）。

第8章 読み書きの発達と支援

2 学校教育の役割

（1）遊びから勉強への移行

　多くの子ども達が平仮名の読み書きを身につけた上で小学校に入学するが，幼児期に読み書きを身につけないで入学してくる子ども達もいる。小学校1年生の時期は，子ども達，とりわけ小学校入学後，初めて読み書きを学習する子ども達にとっては，二重の意味で負担の大きな時期である。一つめは，読み書きの学習が，幼児期の遊びを中心とした自発的な活動から，教室での学級集団を対象とした，教員による系統的な教授へと移行するという点である。しかも，1文字ずつ丁寧に指導されるとしても，幼児期に読みを習得している子ども達にとっては学び直しの側面もあるが，そうでない子ども達にとっては新規な学習の連続である。

　この時期には，教員はすべての児童が平仮名を知らないという前提で，一律に平仮名指導を行うことが多い。最初は文字の学習自体が目的であり，擬音語や動作を多用し，遊びの要素も取り入れた具体的な活動が取り組まれるが，平仮名の読み書きの学習が終わると，今度はそれを道具として用いることで，ノートにまとめる，ワークシートに書き込む，絵日記を書くというように，文字を道具とした学校的な学習活動が可能になる。このようにして，幼児期の遊びを通じた，あるいは遊びに埋め込まれた学習から，学習そのものが主題的に取り組まれる学校での学習活動への移行が徐々に進行するのである。

（2）読解力と語彙

　子ども達は，1年生の終わりには，拗音や促音などの特殊音節も含め，すべての平仮名の読み書きができるようになる。ただし，読めるようになることと，流暢に読めるようになることは別の問題であり，流暢に読めるようになるためには一定の時間が必要である。そのため，1年生の終わりになっても，読み書きができるようになった時期によって読むスピードには違いがあり，小学校入学前に読み書きを身につけた子どもの方が速く読むことができる。またこの時期は，読むスピードが速いほど読解力は高く，読み書きの習得時期による有利不

利がみられる。ただし時間はかかるものの，中学年になれば，読みの習得時期に関わらずみな流暢に読めるようになり，読解を制約するものではなくなる。

　読みのスピードと異なり，語彙が豊富な子どもは読解力が高いという傾向は，小学校段階を通じて一貫している。それでは，そもそも語彙が豊富である，あるいは多くの言葉を知っているとはどういうことなのだろうか。たとえば，「あせる」という言葉の意味を，次の選択枝の中から選ぶ場合を考えてみよう。「1．いやがる，2．あわてる，3．よろこぶ，4．あきらめる，5．こまる」この例の場合，3以外の選択枝はいずれも否定的な感情を表す語なので，子どもが漠然と「嫌な感じ」をあらわす概念しか持っていなければ，これらの語の意味の違いを正確に区別することは難しい。学童期の子どもが言葉の意味を正確に知っているということは，このように，互いに似通った語の意味の違いも正確に理解し，区別できることも含まれている。子ども達の単語についての知識は，その語の意味を知っているか知らないかで二分できるようなものではない。その間には，漠然と大雑把に知っているレベルから，類似の意味を持った語の意味を正確に区別できるレベルまで，幅があるのである。

　子ども達が本などの文章を読む際に，知らない単語が多く含まれていると，文章全体の理解が妨げられるが，知らない語が含まれる割合が小さければ，理解が妨げられることはない。また，その知らない単語について，前後の文脈等から正しく意味を推測することもできる。そして，その一部を子ども達は語彙として身につけていくのである。その場合でも，最初は漠然とした意味の理解から始まり，繰り返しその語に出合うことにより，意味の理解は精緻なものとなっていく。毎日の読書時間はささやかなものであるが，年間を通じてみれば多量のテキストを読んでおり，これが学童期の語彙獲得の重要な経路となっていると考えられる。

　学童期の語彙がこのようなものであることから，この時期の語彙と読解力との間には密接な関係がある。語彙が豊富な子どもは読解力も高いことが繰り返し確かめられているだけでなく，縦断研究の結果からは，読解力が高ければ後の語彙の成績も高いという，相互的な関係があることも指摘されている。こうしてみると，学童期の子ども達は，読書を通じて豊富な語彙を身につけ，それが読解力を支え，その読解力がまた質の高い読書を保証するというように，読

書と語彙と読解力の間には，図8-2のように循環的な関係があると考えられる。

（3）書き言葉の獲得

バイリンガル教育で知られるカミンズ（Cummins, J.）は，言語的マイノリティの子ども達の第2言語習得に関する研究に基づき，言語能力を，比較的短時間で習得可能な対人関係に関するコミュニケーションの能力（Basic Interpersonal Communicative Skills: BICS）と，習得に時間がかかる教科学習に必要な認知・教科学習能力（Cognitive Academic Language Proficiency: CALP）に分けている。BICSは「よく慣れている場面で相手と対面して会話する力」であり，一方，CALPは「学校という文脈で効果的に機能するために必要な一般的な教科知識とメタ認知的ストラテジーを伴った言語知識」と定義され，そこには読解力，作文力，発表力，応用力などが含まれる（Cummins, 2011）。

学童期の子ども達が身につける読み書きの能力は，CALPとして定義されるように，単に文字の読み書きにとどまらない，それを道具として自らの思考を鍛え，また，表現する能力のことであり，これが幼児期までに子ども達が身につける話し言葉の延長に，学童期の子ども達が身につける書き言葉なのである。子ども達は，幼児期から遊びを通じて文字の世界に接近するが，その延長線上

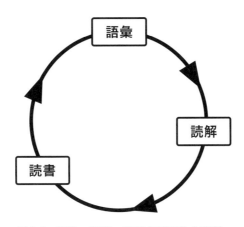

図8-2　語彙・読解・読書の循環的な関係

に子ども達が身につける書き言葉は，このようにして学力を支える言語能力となって行く。

3 読み書きのつまずきへの支援

　読み書きのつまずきについては，文字レベルでの問題と，書き言葉の習得のつまずきの問題に分けて考えた方が良い。本節ではこの2つのレベルのつまずきの特徴と支援について解説することにしよう。

(1) 文字レベルでのつまずきと支援

　読み書きに著しいつまずきを持つ子どもは，ディスレクシアと呼ばれる。英語圏では，5〜10％の子どもが該当すると言われているが，わが国における学級担任教師の評定に基づく文部科学省の調査結果によれば，通常の小・中学校で「『読み』又は『書き』に著しい困難さを示す」児童生徒の割合は2.4％であり，人数には開きがある。平仮名とアルファベットの違い，英語では発音と綴りの対応関係が複雑であること，つまずいた場合の深刻さの程度の違いなどが理由として考えられる。ただし，つまずきの原因については，いずれの場合も音韻意識の弱さが指摘されることが多い（川崎，2017）。

　平仮名の場合は，読み書きの学習が終わり，1年生の2学期になって書く分量が増えてくると，かえって子ども達の間違いが目立つようになる。特に多いのが，促音や拗音のような特殊音節の誤りである。「とらっく」を「とらく」「とっらく」，「こんちゅう」を「こんちう」などとする書き間違いはよく見られるものである。そうした子どもであっても，多くは2年生の1学期くらいになれば，間違うことも少なくなる。この時期になってもそうした間違いが減らない場合や，スムーズに読めるようにならない場合に，個別支援の必要性が検討されることになる。支援方法としては，音韻意識を測る課題を教材として利用する（たとえば，絵カードで示された語を発音しながら手拍子を取るなど），しりとりなどのことば遊びを活用する，フラッシュカードなどを用いて単語を早く読む練習をする，などが組み合わされる。特に，間違いやすい特殊音節については，表記のルールの説明も含め，丁寧に進められる。

日本語は英語などと異なり，複数の表記が用いられる。平仮名は幼児期から遊びの中で覚えて行く子どもが多いが，漢字は学校教育を通じて系統的に学習する。日本語の場合は，漢字の読み書き，とりわけ書字につまずきを持つ子どもがいることが，アルファベットを用いる言語と大きく異なる点である。小学校の低学年から中学年にかけて，学習する漢字の数が増えるにつれて，つまずきは顕在化する。指先が不器用なため字形が整わず，字形を覚えることが不得手である，要素の組み合わせが覚えられない（「親」が「立」「木」「見」から構成されている，という形で字形を思い浮かべることができない），筆順が一貫せず，筆順を手がかりとして思い出すことができないことなどが，これまで原因として指摘されており，支援用の教材も，多くはこうしたことに焦点を当てたものとなっている。

　読み書きのつまずきを主訴として，高学年になってから相談機関を訪れる子ども達もいる。そうした子どもの中には，これまでの積み重ねから不適切な学習方略を身につけていたり，自信を失い，勉強そのものを拒否する場合もあることから，文字の読み書きのみに焦点を当てるのではなく，幅広い心理的支援が行われる。また，合理的配慮としてタブレットなどICT機器を補助代替手段として活用することも，高学年では視野に入ってくることになる。

（2）書き言葉の獲得支援

　子ども達が書き言葉を獲得するのは容易なことではない。「書く」という行為そのものが，子ども達にとっては負担の大きな作業であるが，それだけでなく，豊富な語彙を身につけること，さらに，複雑な構文を構成するための文法的知識も，子ども達は小学校段階で身につける必要がある。この中には，条件や原因・理由を表す副詞節や，使役・受身・受動表現など，多様な内容が含まれる。こうした語彙や文法知識を駆使することにより，子ども達は読み手のことも意識した一貫性のある文章を書くことができるようになるだけでなく，子ども達は物語文や意見文，生活作文など，ジャンルに応じて文体，全体の構成を柔軟に変えることもできるようになる。このように，書き言葉の構成要素は複雑であり，それを駆使して考え，それを表現するものであることから，カミンズが指摘するように，十全な書き言葉を身につけるためには，長期にわたる

学習が必要である。

　近年では，グローバル化の進展による人口流動化とともに，日本でも児童生徒の言語的・文化的背景の多様化が進み，日本語指導が必要な児童生徒の数は増加の一途をたどっている。こうした子ども達の日本語能力，とりわけ，学力を支える言語能力をどの様に育て，保障するかが現在，重要な教育課題となっている。また，ろう教育の分野では，小学校中学年段階の読み能力の停滞が繰り返し指摘されており（長南・澤，2007），こうした現象は「9歳の壁」として知られている。アメリカでも同様の指摘があり，聴覚障がい児の読み書きの能力の伸び悩みは，特定の言語に限定されない一般性のある現象であると考えられる。学童期の読み書きの支援には，こうした多様な言語環境で育つ子ども達の，学力を支える書き言葉の支援も重要な位置を占めると考えるべきである。ただし，文字レベルでの読み書きの支援に比べると，研究の蓄積も少なく，今後の研究課題と考えるべきであろう。

【文　献】

天野　清．（1986）．子どものかな文字の習得過程．東京：秋山書店．

Bialystok, E. (1992). Symbolic representation of letters and numbers. *Cognitive Development*, 7, 301-316.

長南浩人・澤　隆史．（2007）．読書力診断検査に見られる聾学校生徒の読書力の発達．*ろう教育科学*, 49, 1-10.

Cummins, J. 中島和子（訳著）．（2011）．*言語マイノリティを支える教育*．東京：慶應義塾大学出版会．

川崎聡大．（2017）．ディスレクシアのアセスメントと支援．秦野悦子・高橋　登（編著），*言語発達とその支援*（講座・臨床発達心理学　第5巻）．京都：ミネルヴァ書房．

島村直己・三神廣子．（1994）．幼児のひらがなの習得：国立国語研究所の1967年の調査との比較を通して．*教育心理学研究*, 42, 70-76.

高橋　登．（1997）．幼児のことば遊びの発達："しりとり"を可能にする条件の分析．*発達心理学研究*, 8, 42-52.

Teale, W. H., & Sulzby, E. (Eds.). (1986). *Emergent literacy: Writing and reading*. Norwood, NI: Ablex.

第9章 仲間関係の発達と支援

本郷一夫

1 仲間関係

(1) 仲間関係の重要性と独自性

　子どもの社会性発達に対する仲間関係（peer relation）の重要性と独自性は古くから知られている。たとえば，「針金ママ」と「布製ママ」のどちらを赤ちゃんザルは好むかといった実験で知られるハーロー（Halow, H.F.）は，仲間関係についても研究している。この研究では，母親だけに育てられ仲間と遊ぶ機会のなかったサルは，攻撃性が高く，仲間からも孤立してしまう傾向があることが報告されている。すなわち，仲間関係を経験していないサルは，正常な社会性を発達させるのが難しいということである（Halow & Mears, 1979/1985）。

　人間の子どもにおいても，古くは母子関係で作られた対人関係性が仲間関係のあり方にどのような影響を及ぼすかといった「母子先行仮説」について議論されたことがあった。しかし，近年では母子関係からの影響という観点からの分析は少なくなっている。それは，仲間関係が独自性をもっているためであろう（本郷，2012）。たとえば，母子関係が良好であれば仲間関係も良好かというと必ずしもそうではない。本章で述べる「気になる」子どもの場合，家庭では大きな問題はないにもかかわらず，園や学校ではうまく仲間関係を築けないことも多い。なお，ここで「気になる」子どもというのは，顕著な知的な遅れがないにもかかわらず，自分の行動や感情を調節できず，対人的トラブルも多い子どものことである。また，発達障害の確定診断がなされていないという点で，保育者や教師が行動の背景を理解するのが難しい子どもでもある。

第Ⅲ部　実践編

（2）初期の仲間関係の影響

　仲間は，親，教師などと同様に，子どもの社会性の発達を促進する重要な要因（社会化のエイジェント）である。また，その重要性は青年期になってから突然増すわけではなく，集団生活を経験し始める幼児期から大きな役割を担っている。その点で，幼児期における仲間関係の形成や維持の困難さは，児童期や青年期の仲間関係の不全，社会性発達の遅れや偏りにつながる可能性がある。

　図9-1は，「気になる」女子の割合を示したものである。図から，次第に「気になる」女子の割合が増加することが分かる。また，中学校までは，男子の方が女子よりも「気になる」行動が顕著であるが，高校になると図9-2に示すよ

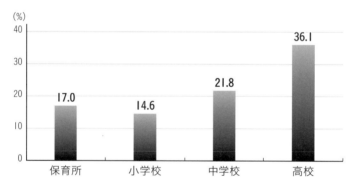

図9-1「気になる」女子の割合の変化
（本郷ら，2003；相澤・本郷，2009；本郷ら，2009；相澤・中村・本郷，2010より構成）

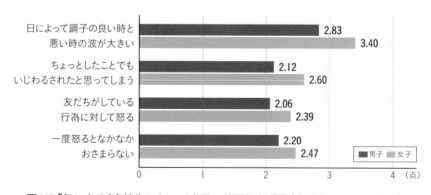

図9-2「気になる」高校生において女子に特徴的な項目（本郷ら，2009より構成）

表9-1　幼児期の仲間関係の発達を捉える項目

標準通過年齢	項目	通過率50%の年齢	通過率(%)
1歳	友だちのまねをする	1歳後半	83.6
	幼い子どもを見ると近づいていって触る	1歳後半	62.7
2歳	友だちとけんかをすると言いつけにくる	2歳後半	70.0
	他児の物を取ってから自分の物を渡す（強制的な交換）	2歳後半	62.9
3歳	ブランコなど自分から順番を待つ	3歳前半	72.0
	自発的に他児に謝ることができる	3歳後半	59.7
4歳	幼い子どもの世話ができる	4歳前半	54.8
	友だちと相談したり，妥協したりしながら一緒に遊ぶ	4歳後半	73.0
5歳	ジャンケンで順番を決める	5歳前半	81.9
	「しちならべ」などのトランプ遊びができる	5歳後半	51.4

(本郷ら, 2015より構成)

うに，対人関係や感情に関する項目に関しては，女子の方が男子に比べ「気になる」得点が高くなる。

　これに関連して，高校生においては，「診断名がない生徒」の方が「診断名がある生徒」よりも「気になる」行動が顕著であることも報告されている（本郷ら，2009）。これらの結果は，性別，診断名の有無というよりも，小さい頃からの継続的な支援の有無と関連している。すなわち，女児の方が，行動が目立つ男児よりも支援を受けにくい，「診断名がない児童・生徒」の方が「診断名がある児童・生徒」よりも支援を受けにくいということがあると考えられる。その点で，幼児期からの継続的支援とその質が青年期の仲間関係や集団適応にとって重要だと言える。

2　「気になる」子どもの仲間関係のアセスメント

（1）仲間関係の発達

　仲間関係はどのように発達するのであろうか。表9-1には，幼児期の仲間関

係の発達を捉える項目が示されている。ここから次のような発達過程が描ける。すなわち，1歳台の「単純な接触」から始まり，2歳台の積極的な子ども同士の関わりの結果として「子ども同士のトラブル」が出現する。3歳台になると子ども同士のトラブルから学んだ「簡単なルールに基づく関わり」が可能となり，4歳台では対人関係の広がりと「協調した遊び」へと発展する。そして4歳台では，「より複雑なルールに基づく遊び」が可能になる。

次に，図9-3には，2歳から6歳の幼児期において，「感情」，「言語」，「認識」の各領域の発達が仲間関係にどのような影響を及ぼすかについて，仲間関係を目的変数として重回帰分析を行った結果が示されている。年齢とともに，各領域の発達が進むこともあり，決定係数（調整済みのR^2）は高くなっている。図から，認識や言語の発達に比べて，感情の発達が仲間関係の発達に最も大きい影響を与えていることが分かる。

（2）「気になる」子どもの仲間関係の特徴

それでは，「気になる」子どもの仲間関係の発達はどうであろうか。典型発達児と比較すると，表9-1に示されるすべての項目において，「気になる」子どもの通過率（その項目ができる子どもの割合）は低い。とりわけ，「ブランコなど自分から順番を待つ」，「自発的に他児に謝ることができる」，「友だちと相談したり，妥協したりしながら一緒に遊ぶ」といった項目の通過率が低く，「気になる」子どもはルールに基づいて行動したり，他児と協力関係を作りな

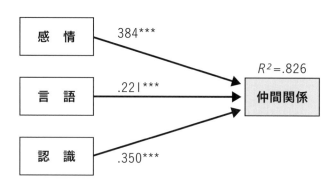

図9-3　仲間関係の影響を及ぼす要因(n=1,549)

がら遊んだりすることに困難さをもつと考えられる（本郷ら，2016）。

　図9-3で示したように，仲間関係の発達には，言語の発達が関連している。しかし，「気になる」子どもに限っては，言語（表出）と対人的トラブルが正の相関を示すことが報告されている（本郷ら，2010）。すなわち，言語（表出）の発達が進んでいるほど対人的トラブルも多いということである。これは，一見すると不思議な関連に見えるが，必ずしもそうではない。すなわち，「気になる」子どもの場合，言語発達が進んでいるほど相手のことを非難したり，相手の気に障るようなことを言ったりすることによってトラブルに発展するということである。その点で，ある領域の発達が進めば，単純に仲間関係が発達するというわけではない。発達は一時的に不適応状態をもたらすこともあると考えられる。

　これに関連して，最近では，同世代の子どもと比べても突出した才能をもつ子ども，いわゆるギフテッド児の問題に関心が高まりつつある。なかには，2E（twice-exceptional）と捉えられる子どももいる。これは，知的な高さという点でも例外的，発達の偏りという点でも例外的であるという点で「二重に例外的な」子どもという意味である。

　ギフテッド児の中には，集団適応や仲間関係に困難さを抱えている子どももいる。その原因として，知的能力が高いため，他児と話題が合わないといったことが挙げられることがある。しかし，知的能力の高さ自体が直接的に集団不適応を引き起こすとは限らない。知的能力の高さと社会・情動発達の低さが重なり合って，集団不適応を生み出していることもある。いわゆる，併存性の問題である。さらには，社会・情動発達の遅れが，知的発達を促進している場合もある。ある領域の発達の遅れが他の領域の発達を促進するといった「負の機能間連関」の問題である。したがって，このような子どもの支援に当たっては集団不適応や仲間関係の不全の原因を多面的に捉えた包括的アセスメントがより一層必要となる。

（3）向社会的行動

　仲間関係の形成，維持に関わる行動として向社会的行動（prosocial behavior）がある。向社会的行動とは，一般に他者に利益をもたらす自発的行動を指す。具

体的には，他者に対する援助，物を与えるなどの贈与・分与などの行動がそれに当たる。類似した行動として愛他的行動（altruistic behavior）がある。両者の違いは，その動機にある。向社会的行動は行動の動機は問わない。その点で，人を助けることが自分の利益につながる，あるいは自分の苦痛を和らげることにつながるといった利己的動機に基づく行動も含まれる。それに対して，愛他的行動は，他者に対する共感や同情に基づいてなされる自発的行動とされる。したがって，その行動の背景には他者理解や共感が必要とされる。保育・教育場面で形成が目指される行動は愛他的行動であろう。最初は向社会的であったとしても，それが次第に他者理解と共感に基づく愛他的行動に変化し，それに支えられた仲間関係，さらには親密な友だち関係（friendship relation）へと発展していくことが期待される。

しかし，「気になる」子どもは，典型発達児と比べて感情発達に遅れや偏りがあることが知られている。とりわけ，幼児期では「いやなことをされても気持ちを抑えて『やめて』と言える」，「かわいそうな話を聞くと悲しそうにする」といったように，感情の抑制に加えて，感情の表現や共感といった点に遅れがある。（本郷ら，2016）。また，児童期でも，表9-2に示されるように，否定的感情の抑制に加え，理解や共感の領域で大きな違いが認められる（本郷ら，印刷中①）。その点で，愛他的行動の獲得と仲間関係の形成には，感情の発達を促すことが重要となる。

3　仲間関係の支援

(1) 個体能力への支援

仲間関係の形成，維持を支援するのには大きく二つのアプローチがある。一つは，その子ども個人の能力，特性の改善という方向（個体能力への支援）である。もう一つは，他児との関係の調整，改善という方向（関係性への支援）である。

個体能力の支援については，先に述べたように，感情発達の支援が重要となる。その際，感情の抑制だけでなく，表現，共感の発達にも焦点を当てる必要

表9-2 児童期における「気になる」児童と典型発達児の感情発達の違い

領域	項目	「気になる」児童(A)	典型発達児(B)	差(A-B)
抑制	うれしい気持ちを抑える	2.27	2.46	-0.19
抑制	怒っている気持ちを抑える	2.31	2.94	-0.63
抑制	悲しい気持ちを抑える	2.45	2.90	-0.45
理解	友だちのうれしい気持ちがわかる	3.46	4.12	-0.66
理解	友だちの怒っている気持ちがわかる	3.24	4.05	-0.81
理解	友だちの悲しい気持ちがわかる	3.19	4.01	-0.82
共感	友だちのうれしい気持ちを自分のことのように感じる	2.85	3.74	-0.89
共感	友だちの怒っている気持ちを自分のことのように感じる	2.65	3.53	-0.88
共感	友だちの悲しい気持ちを自分のことのように感じる	2.63	3.55	-0.92

5段階評定, n=2,142（本郷ら,印刷中①）より構成)

がある。「気になる」子どもの場合，しばしば感情の抑制の困難さが問題となる。しかし，感情の抑制だけを教えても適切な感情の表現手段を学ばないと自分をコントロールできないだけでなく，他児との関係も形成できない。

この点について，次のような感情を色と言葉によって表現する活動が保育所の5歳児クラスで行われている。①朝の集まりの際に子どもたちに紙を配り，その日の気分を色（クレヨン）で表現してもらう（色による感情表現）。②子どもが自分の気分を色で表した紙を保育士のところに持ってきた際に，なぜそのような気分なのかを話してもらう（言葉による感情表現）。③皆の前で自分の今日の気分について発表してもらう（言葉による感情表現と共感）。

週3回程度このような活動に取り組んだ結果，自分の感情についての話す言葉だけでなく，そのような感情が引き起こされた理由について述べることも増えた（本郷ら，印刷中②）。

もう一つは，自己理解の発達への支援がある。子どもの社会性発達支援のプログラムの一環としてキングとキルシェンバウム（King, C.A., & Kirschenbaum, D. S.）は「社会性発達モジュールの目標リスト」を提案している。この支援プログラムでは，社会性の発達につまずきがある子どもの特徴を大きく6つの領域から分析し，その子どもの年齢，状態，その子どもの所属しているクラスの特徴から，個別の支援プログラムを作成する。6つの領域とは，①自己理解を深めること，②肯定的な自己理解を高めること，③他者理解を深め，他者との協調性を高めること，④個人の権利の理解を深め，主張的で洗練された行動の頻度を高めること，⑤自己コントロールを改善すること，⑥社会的問題解決スキルを改善することである。このうち①②⑤はとりわけ「自己」と関連している。①については，より具体的には，「好き嫌いの言語表現を増加させること」「身体的外見について正確に述べる能力を高めること」「感情について正確に述べる能力を高めること」「自分の欲求に気づき，その言語表現を増加させること」が含まれる。すなわち，「自己」と「他者」を同時に育てていく視点，自己理解に基づく自己表現の重要性を強調する視点が示されている（本郷，1996）。

（2）関係性への支援

　「気になる」子どもの仲間関係は，年齢が高くなるにつれて潜在化してくる。すなわち，年齢が低い段階では，直接的なトラブルのような形で仲間関係の問題が見えやすい。しかし，年齢が上がるにつれて，クラスの子どもが「気になる」子どもと直接的なトラブルを起こさないものの，「気になる」子どもと遊びもしないといういわゆる「中性的関係」に変化する。これは表面的には，否定的関係もなく肯定的関係もないという点で「中性的」ではあるが，他児は「気になる」子どもに対して否定的感情を抱いている。このような状態が続くと「気になる」子どもはクラスの中で孤立してしまうことになる。その点で，「気になる」子どもだけではなく，他児あるいはクラス集団への働きかけが必要となる。

　また，保育者・教師の働きかけや物的環境を変更した場合，最初に変化するのは「気になる」子どもではなく，クラスの他の子どもたちであることが多い。そして，クラスの他の子どもの行動が変化することによって，「気になる」子

どもの行動も変化し，それによって仲間関係が変化するという過程をたどる（本郷, 2011）。

　関係性への支援の際に重要なのが「経験の共有」である。しかし，「気になる」子どもは他児とのトラブルを起こしやすいため，自由遊びを通じて肯定的な関係を形成することは難しい。むしろ，どのように振る舞えばよいか分かりやすいため，「気になる」子どもはルール遊びの方が参加しやすい。具体的には，「紅白オセロ」のようなルール遊びを実施することなどが考えられる。これは，チーム対抗のルール遊びである。子どもたちは赤組と白組にわかれ，表面が赤，裏面が白のカードを，赤チームは白カードを赤に，白チームは赤カードを白にし，最終的に赤と白のカードの枚数を競うという遊びである。このルール遊びは，チーム対抗ではあるが，個々の子どもが目の前のカードをひっくり返すだけなので特に協力的行動を必要としない。しかし，結果はチームの勝ち負けで示されるため，とりわけチームが勝った場面，子どもたちの間で喜びの経験が共有されやすい。

　同様に，本来個人対抗である「いすとりゲーム」なども工夫次第で，経験を共有する遊びとして活用できる。具体的には，赤，青，黄色の3チームに分かれて，通常の個人戦の形で「いすとりゲーム」を行う。しかし，個人ではなく，最後に残った（いすに座っている）子どもの人数でチームの勝敗が決まるといった対抗戦の要素を取り入れる。さらに，自分がいすに座れなくても，応援グッズを持って自分のチームの子どもを応援するような設定をする。すると，普段，自分がゲームでいすに座れないと逸脱してしまうことが多い「気になる」子どもでも最後まで参加でき，グループや仲間の意識を育てていくことができる。「気になる」子どもは，他児との協調が不得意だとしても，他児との関係を経験する中でこそ仲間関係が形成できると考えられる。

　なお，「個体能力への支援」と「関係性への支援」は二者択一的なものではない。それは，「気になる」子どもの特徴とクラス集団の特徴に基づいて，同時にあるいは時系列的に行いうる支援である。

【文献】

相澤雅文・本郷一夫．(2009)．学級担任が「気になる」児童生徒についての調査研究（1）：京都府の小学校担任への調査から．*京都教育大学紀要*，115，113-144．

相澤雅文・中村佳世・本郷一夫．(2009)．学級担任が「気になる」児童生徒についての調査研究（2）：京都府の中学校担任への調査から．*京都教育大学紀要*，115，145-157．

Halow, H. F., & Mears, C. (1985)．ヒューマンモデル：サルの学習と愛情．(梶田正巳・酒井亮爾・中野靖彦，訳)．名古屋：黎明書房．(Harlow. H. F., & Mears, C. (1979). *The human model: Primate perspectives*. New York: John Wiley & Sons.)

本郷一夫．(1998)．子どもの対人世界をみつめる．長崎勤・本郷一夫（編），*能力という謎*，第9章，198-220，京都：ミネルヴァ書房．

本郷一夫（編著）．(2010)．「気になる」子どもの保育と保護者支援．東京：建帛社．

本郷一夫．(2011)．仲間とのかかわりという視点から保育支援．秦野悦子・山崎晃（編著），*保育のなかでの臨床発達支援*，第5章-1，158-167，京都：ミネルヴァ書房．

本郷一夫．(2012)．仲間関係の発達支援．日本発達心理学会（編），*発達科学ハンドブック6 発達と支援*，第15章，156-163，東京：新曜社．

本郷一夫・相澤雅文・飯島典子・半澤万里・中村佳世．(2009)．高校における「気になる」生徒の理解と支援に関する研究．*東北大学大学院教育学研究科教育ネットワークセンター年報*，9，1-10．

本郷一夫・澤江幸則・鈴木智子・小泉嘉子・飯島典子．(2003)．保育所における「気になる」子どもの行動特徴と保育者の対応に関する調査研究．*発達障害研究*，25（1），50-61．

本郷一夫・飯島典子・平川久美子．(2010)．「気になる」幼児の発達の遅れと偏りに関する研究．*東北大学大学院教育学研究科研究年報*，58（2），121-133．

本郷一夫・飯島典子・高橋千枝・小泉嘉子・平川久美子・神谷哲司．(2015)．保育場面における幼児の社会性発達チェックリストの開発．*東北大学大学院教育学研究科研究年報*，64（1），45-58．

本郷一夫・飯島典子・高橋千枝・小泉嘉子・平川久美子・神谷哲司．(2016)．保育場面における「気になる」子どもの社会性発達：「社会性発達チェックリスト」から捉える「気になる」子どもの特徴．*臨床発達心理実践研究*，11（2），85-91．

本郷一夫・平川久美子・飯島典子・高橋千枝・相澤雅文．(印刷中①)．児童期の情動発達とその特異性に関する研究6：「気になる」児童の情動発達における項目別特徴．*日本発達心理学会第29回大会発表論文集*．

本郷一夫・松本恵美・山本信・中館和子・阿部和海．(印刷中②)．幼児の情動状態の表現に関する研究：色による表現と言語による表現について．*東北大学大学院教育学研究科研究年報*，65（2）．

第 IV 部

トピックス

第10章 自閉スペクトラム症児のナラティブの特徴

李　熙馥

1 ナラティブとは

　3〜4歳頃からの子どもは，著しい言語発達に伴い，自分が経験したことについて自発的に母親等の家族に語りはじめる。このような自分の経験あるいは出来事を振り返り，意味づけ，他者に伝えることをナラティブ（Narrative）として定義することができる（李・田中, 2011）。

　このナラティブの定義に基づくと，ナラティブには，「ある出来事を振り返り，意味づける」側面と，「他者に伝える」側面がある。「ある出来事を振り返り，意味づける」側面においては，一連の出来事を想起し，起承転結の構造でとらえる認知的な能力と，それを言葉で表現していくための言語能力が求められる。さらに，その出来事でかかわった（あるいは登場した）他者に注目し，その他者の意図や思い，気持ち等の状態についてとらえていくことが求められる。

　「他者に伝える」側面では，聞き手の働きかけを受け，その働きかけの意図を理解し，それに合わせて語る内容を調整することが求められる。「ある出来事を振り返り，意味づける」側面では，その出来事の中での他者について理解することが必要である一方，「他者に伝える」側面では，自分のナラティブの聞き手となる相手について理解することが求められる。このように，両側面において他者に注目し，他者の心の状態について理解することが共通して求められることから，「心の理論」理解との関連が深い。

　他者との社会的コミュニケーションや相互作用において困難さを有する自閉スペクトラム症（Autism Spectrum Disorder，以下ASD）児において，「心の理論」理解を促し，その理解を基に他者とかかわることを促進することは，

重要な課題である。ASD 児のナラティブに注目することは，彼らがある出来事の中で他者の心の状態等をどのようにとらえ，理解するか，また他者とのコミュニケーション場面においていかに他者の状態を理解し，かかわるかといった ASD 児の特徴に迫ることができ，支援を考える上での示唆を得られる点で意義がある。

本章では，ASD 児のナラティブについて，上記の2つの側面における特徴について概観し，支援方法を考える。

2　ASD 児のナラティブの特徴

（1）ASD 児はどのようにある出来事を振り返り，意味づけるか

筆者は，典型発達（Typically Development，以下 TD）児と ASD 児に絵本をみてもらい，その絵本について知らない聞き手にナラティブを行う調査（李・田中，2013a）を行った。絵本は，カエルが飼い主のところから飛び出し，人々が集まっているところに現れ，人々を驚かせながら冒険をする内容であり，内容を示す文字は書かれていない。

> **例1（TD児，小学4年生，男）**
> あるところに，ケロックというカエルがいました。そのカエルは，ある男の子が毎日大切に育てていました。
> ある日，男の子は，犬と亀とカエルを連れて散歩に出かけました。野原の山には，蝶がいっぱいいて，カエルは旅に出たくて，バケツから出てしまいました。（略）
> そしたら，女の人の手が伸びてきたので，女の人の腕にしがみつきました。おじさんと女の人はビックリしました。ケロックは，にこっと笑ってピョンピョンはねていきました。（略）
> 乳母車に飛び込んでみたケロックを，赤ちゃんは不審そうにみつめています。お母さんが赤ちゃんにミルクをあげようとしましたが，ケロックが横取り。それをとめようと猫が乳母車の中に入ってきました。（略）

第Ⅳ部　トピックス

ケロックは助けてと叫びました。そしたら，大切に飼ってくれていた男の子がきて，犬を追い払ってくれました。ケロックはとても喜びました。
(略)

注) ＿＿＿：登場人物の紹介に関する言及
　　～～～：登場人物の言動と心の状態との因果関係に関する言及

例2（ASD児，小学5年生，男，VIQ124・PIQ111・FIQ120）
この子が出てきました。あと，わんちゃんみたいなものもいます。わんちゃんもなんかみています。
カエルさんがなんか食べて，なんか出しました。なんか食べちゃいました。(略)
女のひとの手にのっかってしまいました。カエルさん，逃げました。怒っている。(略)
なんか赤ちゃんみたいなのがミルクを飲もうとします。なんか泣きました。
この赤ちゃんのお母さんに怒られました。
猫がカエルさんをつかまってしまいました。カエルさん，猫さんが放してくれました。男の子がなんか怒っています。(略)

注) ＿＿＿：登場人物の紹介に関する言及
　　～～～：登場人物の心の状態の因果関係が不明確な言及
　　＝＝＝：言動の主体が不明確な言及

　例1のTD児のナラティブと例2のASD児のナラティブを比較すると，ASD児のナラティブには，主に以下の3点の特徴がみられる。1点目は，ASD児は登場人物同士の関係をとらえることが少ない（＿＿＿部分）。ナラティブを開始する際，登場人物の紹介と登場人物間の関係について言及することは，その後の

ストーリーの展開をより明確にする重要な要素である。ASD 児のナラティブ（例2）では，登場人物の単なる羅列になっており，登場人物同士がどのような関係なのか言及されていない。2点目は，ASD 児のナラティブには，登場人物の言動と心の状態との因果関係が不明確な言及が多い（＿＿＿部分）。登場人物がなぜ怒ったか，なぜ泣いたかに関する文脈からのつながりが不明確であり，単なる感情のラベリングに留まっている。3点目は，言動の主体が不明確な言及が多い（＿＿＿部分）。登場人物の心の状態の因果関係の不明確さと関連して，誰の言動であり，誰の心の状態なのかが不明確である。以上の点から，ASD 児は出来事を振り返る際，出来事の表面的な事実のみに着目していることが考えられる。

　では，ASD 児は自分の経験については，どのように振り返るのか。小学生の ASD 児と TD 児を対象に，「これまで友達と楽しかった経験はありますか？」や，「これまでの一番の思い出はなんですか？」等，質問をした後，「どんな経験でしたか？」と教示し，語ってもらった調査（李・田中，2013b）がある。結果は，ASD 児の自分の経験に関するナラティブにも，経験をともにした人に注目する言及や，心の状態について注目する言及，さらに自分の経験を意味づける言及が少なかった。たとえば，TD 児は，友達との楽しかった経験について，「野外活動が楽しかった。(略)5年生のテーマが絆，友達は宝で，みんなで絆も深まったし，友達ともつながれてたなと思ったから良かったなと思った(略)(小学5年生，女)」と語っていた。友達との野外活動を通して何を感じ，自分にとってどのような意味がある経験だったかについて言及している。

　一方，ASD 児は，一番の思い出として，「生まれて初めて北海道に行ったこと。2歳の時，寝室列車に乗った。とろっこ電車に乗ったことある。北海道行った時は，伊丹から札幌まで行って，札幌で一泊泊まって，翌朝旭川へ行って，それで動物園で楽しんで，帰りは特急に乗って，また飛行機で帰ってきた（小学5年生，男，VIQ115, PIQ117, FIQ116）」と語っており，経路や交通手段に注目して振り返っているのが特徴的である。

　これらの特徴から，ASD 児は，日常生活における経験や出来事を表面的にとらえてしまい，他者との関係の中で，時間的な流れや因果的な観点から，なぜそのような状態になったかについてとらえることに弱さがあることが考えられ

る。この弱さが彼らの「心の理論」理解の困難さと関連していると考えられる。

（2）ASD児はナラティブを他者にどのように伝えるか

　自分が知っている内容と聞き手が知っている内容に相違が生じた時，ASD児はどのように聞き手にナラティブを伝えるのだろうか。李・田中（印刷中）では，セリフのないアニメーションを子どもと調査者が一緒に視聴する途中で，調査者が退室し，子どもと聞き手との間にアニメーションに関する知識状態が異なる状況を設定した。アニメーションが終わった時点で，調査者が再入室し，「途中までしかみられなかった。その後どうなった？」と聞き，子どもがどのようにナラティブを調整するかについて分析した。その結果，TD児は聞き手がどこまで知っているか確認（たとえば，「どこまでみましたか？」と質問する）してから，ナラティブを行った者と，聞き手がここまでは知っているだろうと，周囲の状況から推測してナラティブの開始部分を調整した者がみられた。それに対し，ASD児は聞き手の知識状態に応じてナラティブの開始部分を調整する者が少なかった。

　またTD児の中には，ナラティブの開始部分について調整した場合，内容についても聞き手のとらえ方に合わせる様子がみられた。TD児に「どこまでみましたか？」と質問され，聞き手が「<u>お母さんみたいなペンギン</u>に呼ばれて家に帰るところまでみた」と答えると，「あ～，それからもう一匹のペンギンが（略）<u>そのお母さんに呼ばれたペンギン</u>が戻ってきて，（略）」と，聞き手の言及を用いて語る工夫がみられた。しかし，ASD児の中で「どこまでみましたか？」と開始部分を調整した者でも，聞き手のとらえ方に合わせた言及の工夫はみられなかった。これらのことから，ASD児は聞き手の知識状態を考慮し，それに合わせてナラティブを調整することに難しさがあると考えられる。

　他者との円滑なコミュニケーションを行うためには，他者の反応や働きかけの意味を理解し，それに応じて話す内容を調整していくことが求められる。ASD児における社会的コミュニケーションの困難さは，相手の状態に関する理解やそれに合わせて調整することの弱さ，さらに相手の状態について理解したとしても，相手と自分の表象している事柄が同じか，異なるかについて考え，相手のとらえ方に合わせて自分のとらえ方を置き換える等，柔軟に対応するこ

との弱さと関連していると推察できる。

3 支援に向けて

ASD児のナラティブを促すことは，ASD児の「心の理論」理解の発達やそれを基盤とするコミュニケーションの支援につながる。ASD児のナラティブを促す支援の一つとして，共同構成（co-construction）があげられる。共同構成は，ある経験や出来事について子どもと大人がともに振り返り，ナラティブを行っていくことである。共同構成を行う際の大人の役割として，子どもが過去の経験について詳細に思い出すようにヒントや手がかりを与えるかかわりをすることが重要であると指摘されている（Fivush, 2007）。

ASD児との共同構成においても，大人のかかわり方はASD児の反応に影響を与える。図10-1は，ASD児と母親との共同構成，ASD児と調査者との共同構成におけるASD児の言及のうち，心の状態に関する言及数（全言及数に占める割合）を比較したものである（Lee & Hongo, 2016）。課題は，セリフのない

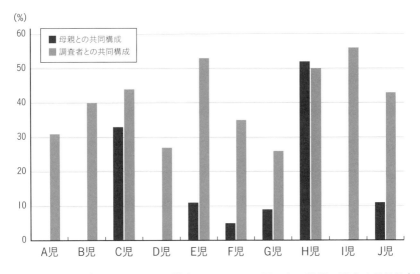

図10-1　母親及び調査者との共同構成におけるASD児の心の状態に関する言及数（割合）の変化(Lee & Hongo, 2016)

アニメーションをASD児と母親が視聴し，そのストーリーについて共同構成をしてもらった後，1週間〜10日後に別のアニメーションをASD児と調査者が視聴し，同じく共同構成を行うものであった。ASD児と調査者との共同構成の際に，調査者は，アニメーションのストーリーの展開や登場人物の心の状態について注目させるためのヒントや手がかりを与えるかかわりを行った。その結果，10名中9名のASD児において，登場人物の心の状態についての言及が母親との共同構成時よりも増加した。

また，H児に注目すると，母親との共同構成においても心の状態に関する言及が多くみられた。H児の母親は，「なんで磁石を埋めたの？」と子どもに質問した時，H児が「わからない」と答えると，子どものわからなさを受容しながら，「友達がきて遊び始めたよね。別に埋めなくてもいいのにね。なんで埋めたのかな？」と主人公の意図を推測させる声かけを多くしていた。H児も母親からの働きかけを受けながら，主人公の意図を推測していく様子がみられた。

以上のことを踏まえ，ASD児との共同構成における有効的なかかわり方について，以下の5点を提案できる。1点目は，出来事全体を時間的な流れに沿って振り返るように声かけをすることである（たとえば，「その次は何したの？」）。2点目は，出来事に登場する人や，心の状態に注目させる声かけとともに，「なぜそうなったか」を因果的に考えることを促すかかわりをすることである。3点目は，誰の言動なのか，誰がそう思い，感じたかを明確にさせながら，振り返っていくことを促すことである。4点目は，共同構成を行っていく際に，ASD児と大人との間で表象している事柄や知識状態が異なる場合，その違いを明確にさせる声かけが必要である。たとえば，「〇〇ちゃんは△△について知っているけど，私はみてないから，わからない」等，どこが，なぜ異なるかについて丁寧に説明することで，ASD児が相手の状態について理解し，それに合わせて調整することを促すことにつながるだろう。これらのかかわりに加えて，5点目として写真等の視覚的な手がかりを用いることも有効である。視覚的な手がかりはASD児が出来事を想起することを助ける。さらに，ナラティブを行うためには，経験や出来事を対象としてとらえることが必要である（岩田，2001）ことから，写真等の視覚的な手がかりを用いることを通して，出来事の対象化を容易にし，ASD児との共同構成を促進すると考えられる。

4　まとめ

　ナラティブは，自分一人で出来事を振り返り，意味づけ，他者に一方的に伝えるものではなく，他者からの働きかけを受けながら，さらに振り返り，意味づけていく双方向的な関係の中で行われるものである。したがって，個に閉じたナラティブではなく，聞き手あるいは共同構成をともに行う他者との関係の中でナラティブを展開できるように支援していくことが重要である。その中である出来事について他者に伝えたい気持ちや，他者とともに振り返ることを通して話題を共有していくことを，ASD児にいかに育てることができるかについても，考えていくことが必要であろう。

【文　献】

Fivush, R.（2007）．Maternal reminiscing style and children's developing understanding of self and emotion. *Clinical Social Work Journal*, 35, 37-46.

岩田純一．（2001）．*自己を物語る．＜わたし＞の発達：乳幼児が語る＜わたし＞の世界*（pp38-64）．京都：ミネルヴァ書房．

李　煕馥・田中真理．（2011）．自閉性スペクトラム障害者におけるナラティブ研究の動向と意義．*特殊教育学研究*, 49（4），377-387．

李　煕馥・田中真理．（2013a）．自閉症スペクトラム障害児におけるフィクショナルナラティブの特性：構成の側面と行為の側面に焦点を当てて．*発達心理学研究*, 24（4），527-538．

李　煕馥・田中真理．（2013b）．自閉症スペクトラム障害児における自分の過去の経験に関する理解．*韓国特殊教育学会2013年度秋期大会*，ポスター発表，韓国大邱大学校．

Lee, H. & Hongo, K.（2016）．Narrative co-construction about mental state in adult-child with autism spectrum disorder. *31st International Congress of Psychology, Poster presentation*, Yokohama, JAPAN.

李　煕馥・田中真理．（印刷中）．自閉スペクトラム症児におけるナラティブの調整：「心の理論」の理解との関連．*国立特別支援教育総合研究所研究紀要*, 45．

第Ⅳ部　トピックス

第11章　自閉スペクトラム症者同士の共感性
——物語理解に基づく検討

米田英嗣

1　はじめに

　本章では，コミュニケーションの中でも，記述された物語を用いた研究を紹介し，いかにして支援につなげることができるかを検討する。特に，自閉スペクトラム症（ASD）を持つ方々を対象とした最新の研究を展望することで，ASDの児童および成人が持つ共感性について議論をする。

　第2節では，ASDの成人を対象とした脳機能イメージングの手法を用いた研究を紹介する。第3節では，ASDの児童と成人を対象とした物語を用いた心理実験に基づく研究を展望する。第4節では，ASDの成人の援助動機に関する研究を議論する。最後に，第5節では，ASDの児童および成人の共感性についての基礎研究を踏まえた支援の可能性について考察する。

2　自閉スペクトラム症者の共感

　共感という用語は多義的に用いられており，定義することは困難である（たとえば，浅田・熊谷，2015）。本章では，「他者が感じるように自身も感じること」（鹿子木，2013）という，多くの研究者によって受け入れられている広い定義を用いる。共感には2つの側面があると考えられており，他者の心的状態を認識する認知的共感，他者の情動を自分自身も共有し経験する情動的共感に分類されている（Davis, 1983; de Waal & Preston, 2017）。

　自閉スペクトラム症（ASD）とは，社会性および対人コミュニケーションの困難さ，過度に強いこだわりや常同行動によって定義される発達障害である（DSM-5, American Psychiatric Association, 2013）。

定型発達者を対象とした物語理解の研究によれば，読者は登場人物との類似度が高いほどその登場人物に共感し，物語の理解は促進される（Komeda et al., 2013b）。物語を読解後に共感を評定させた実験の結果，読者の外向性得点が高いほど，外向的な登場人物に対する共感が高く，読者の神経症傾向得点が高いほど，神経質な登場人物に対する共感が高くなることが明らかになった。さらに，物語を読解後に結末が良いか悪いかを評定させた実験の結果，外向性の高い読者は外向性の低い読者よりも，外向的な登場人物の物語に対する結末を速く判断することができ，神経症傾向の高い読者は神経症傾向の低い読者よりも，神経質な登場人物の結末を速く判断することができることが示された。

そこで，ASDの人におけるASDの性質を持つ他者理解を検討するために，自閉スペクトラム症の特性について記述した文と，定型発達の特性について記述した文を用いて，自分に当てはまるかどうかを考える自己判断と，自分と似ているかどうかを考える他者判断を比較した結果，ASDの人は，ASDを持つ他者に対して，定型発達者が他の定型発達者に対して行うのと同様に，自分と似た他者の判断時に活動する腹内側前頭前野（Mitchell, Macrae, & Banaji, 2006）が活動し，自己と関連付けた共感的な反応を示すことが明らかになった（Komeda, 2015; Komeda et al., 2015）。さらに，実験参加者の自閉症スペクトラム指数得点（Autism-Spectrum Quotient, Baron-Cohen et al., 2001）が高いほど，ASDを持つ他者に対して判断をしている際の腹内側前頭前野の活動が高くなったことから，自閉症傾向が高いほど，ASDの人に対して共感的な反応を示すことが明らかになった。このように，ASDを持つ人は共感性を持たないのではなく，自分とは似ていない定型発達者に対して共感を持つことが難しく，自分と類似したASDを持つ人に対しては共感を持つ可能性が示された（米田，印刷中）。

3 自閉スペクトラム症者の物語理解

読者は，物語を読む際にテキストに書かれた以上のことを推論し，現在読んでいる文章とその前の文章を結びつけて読解する（井関，2004; Zwaan & Rapp, 2006）。Saldana & Frith（2007）は，ASD者の物語理解における推論を

検討した。16人の自閉症の男性参加者（平均年齢14歳9か月）と16人の定型発達の参加者（平均年齢13歳11か月）が，2文の物語を読み，推論を要する理解質問に答えた。読者（自閉症者/定型発達者）が参加者間要因，推論の種類（物理的な推論と社会的な推論）と物語と質問との関連性の有無が参加者内要因の実験計画であった。結果は，関連の有無の主効果のみが有意で，両群ともに関連性のある物語読解後の質問に対する反応時間のほうが，関連性のない物語読解後の質問に対する反応時間より短かった。この結果から，Saldana & Frith（2007）は，自閉症者は統制群の定型発達者と同様に推論を行っており，物語理解における低次な処理では差が見られないと結論した。

Saldana & Frith（2007）の研究によって，自閉症者に対して物語刺激を用いることは可能であることは示唆されたが，物語における登場人物と読者の類似性の効果は明らかになっていない。定型発達者を対象とした研究によれば，外向的な読者は外向的な登場人物に共感し，神経症傾向の高い読者は神経質な登場人物の物語を理解しやすい（Komeda et al., 2013b）。外向的，神経質など様々な性格の定型発達者がいるのと同様に，受動的，積極的，内向的など様々な性格のASD者がいる。そこで，ASDの児童，定型発達の児童それぞれが，自分と似た性格の他者についてよく理解できるかについて，物語を作成して検討をした（米田・柳岡・小山内・子安，投稿中）。

ASDと診断された15名の男性児童（平均年齢12.7歳）が実験に参加した。WISC-IV（Wechsler, 2003）によって測定された知能指数の平均値は100.4であった。ASD児と年齢と知能指数を統制した定型発達の男性児童14名（平均年齢12.4歳）も実験に参加した。知能指数の平均値は107.7であった。能動的なASD人物，受動的なASD人物，能動的な定型発達人物，受動的な定型発達人物が登場する物語を作成し，物語を24個（能動的なASD人物，受動的なASD人物，能動的な定型発達人物，受動的な定型発達人物それぞれ6個ずつ）読み終わった後で，主人公の気持ちがわかるかどうかについての5段階評定を行ってもらった。

ターゲット文の読解時間は，理解のしやすさを反映する。つまり，読解時間が短いほど理解しやすいことを意味する。ASD児のほうが定型発達児よりもASDの登場人物についてのターゲット文の読解時間が短かったことから，

ASD児はASDの人物が登場する物語を理解しやすいことが明らかになった。他方，定型発達児は，定型発達の登場人物についてのターゲット文のほうがASDの登場人物についてのターゲット文よりも読解時間が短かった。心情評定に要する判断時間の結果から，ASD児の場合，受動的なASD登場人物の心情について，受動的な定型発達登場人物の心情よりも素早く判断できることがわかった。以上の結果から，ASD児はASD児が登場する物語を理解しやすく，特に受動的なASD児の心情理解について判断が促進されることが示された。

　ASDの児童は，ASDの児童の物語を理解しやすいことがわかったが，物語の記憶検索も促進されるのであろうか。特に，ASDを持つ人にとって，ASDのエピソードは，定型発達のエピソードよりも思い出しやすいのであろうか。ASDの成人と定型発達の成人を実験参加者として，ASDの人物が登場する物語と，定型発達の人物が登場する物語を読んだ後に，ターゲット文についての再認課題を行った（Komeda et al., 2013a）。その結果，定型発達者は，定型発達人物のエピソードのほうがASD人物のエピソードよりも速く再認できたのに対して，ASDの人は，ASD人物が登場する一貫性のある物語を，ASD人物が登場する一貫性のない物語よりも速く検索できた。このことから，ASDの人は，ASD人物が登場する物語を記憶する際に，先行する文脈と一貫性のある形で貯蔵していると考えられる。再認の正答率は両群ともに平均70パーセント以上と高かったことから，ASDを持つ人は他者に対する理解や記憶が劣っているのではなく，異なった方略によって貯蔵し，検索しているということが示された。

4　自閉スペクトラム症者の援助動機

　ASD者が，ASD者に対して自己に関連付けて理解をしている可能性が示されてきたが（米田，2015），ASD者はASD者に対する共感に基づいて援助をしようとするであろうか。もし援助をしようとしないのであれば，ASD者が今まで共感性を持たないと思われてきたことは，他者に共感をしないのではなく，共感を行動として表さないことに原因があるのではないかと考えられる（たとえば，Coll et al., 2017）。

22名のASD成人と20名の定型発達成人を対象として，ASDの登場人物，定型発達の登場人物が登場する物語を読んで，それぞれの登場人物の気持ちがどれくらい理解できるか，どれくらい助けたいかを7段階で評定してもらった (Komeda, Kosaka, & Okazawa, 2017)。その結果，定型発達者は，定型発達人物のほうがASD人物よりも気持ちが理解できるのに対し，ASD者は，ASD人物のほうが定型発達人物よりも気持ちが理解できることがわかった。興味深いことに，定型発達者は，ASD者よりも定型発達人物を助けたいと思うのに対し，ASD者は，ASD人物を助けたいと思う程度は定型発達人物と同程度だった。ASD者がASD人物の気持ちをわかっても援助をしようとしないという結果は，ASD児が，一般に向社会行動が少ないという結果と関連するかもしれない (Carter et al., 2005)。

この研究から示唆されることは，ASD者は，他者の気持ちが理解できたとしても，その人を自発的に助けようという援助行動を示さない可能性があることを示唆している。その結果，ASD児者は，他者に対して共感を示さないと誤解されてきたのかもしれない。

5 基礎研究の知見を支援に役立てるには

2節の結果から，ASD者は，ASD人物の判断をする際に，共感および自己関連処理と関連する脳部位が活動することがわかった。3節の結果から，ASD児はASD児が登場する物語を理解しやすく，心情理解も促進されることが示された。さらに，ASD成人においては，ASD物語における一貫性に着目をして記憶をしていることが明らかになった。第4節では，ASDの成人はASD人物の心情を理解できるが，援助に結びつかない可能性が示された。

今後は，現実場面でASDを持つ児童が，ASDを持つ他の児童とどのように仲間関係を形成していくのか，その長期的な関係を検討することが求められる (日戸・藤野, 2017; 日戸・萬木・武部・本田, 2010)。その試みとして，小集団で物語を共同で創作していく，テーブルトーク・ロールプレイングゲームの試みはとても興味深い (加藤, 2016)。なぜなら，ASD者が持つ独自の世界観や想像性が，物語の創作という行為を通して，広く受け入れられることになるかも

知れないからである（市川，2016）．

　様々な事情で，対面でのコミュニケーションが困難な場合もあるかもしれない．そうした場合，インターネットコミュニティで自分たちの悩みを共有し，ASD 者同士がセルフアドボカシー（self advocacy）を行うことは，空間の制約を受けず，自宅などの環境から世界中の人とコミュニケーションをとることができるという点で有用である（池上，2017）．また，4節で述べたように，ASD 者は他者に対して自発的に援助をすることが困難である．自発的に援助をすることが困難であるということは，他者に対して援助を求めることが困難であることと関連すると考えられる．そこで，ASD 者の援助要請スキルを身につける支援を行うことが重要である（阿部，2016）．

【文　献】

阿部利彦．(2016)．通常学級で行う社会性とコミュニケーションの支援．藤野　博（編著），発達障害のある子の社会性とコミュニケーションの支援 (pp.21-29)．東京：金子書房．

American Psychiatric Association（2013）．*Diagnostic and statistical mannual of mental disorders (5th Ed.)*.

浅田晃佑・熊谷晋一郎．(2015)．発達障害と共感性：自閉スペクトラム症を中心とした研究動向（特集 共感性の進化と発達），心理学評論，58, 379-388．

Baron-Cohen, S., Wheelwright, S., Skinner, R., Martin, J., Clubley, E.（2001）．The autism-spectrum quotient（AQ）: evidence from Asperger syndrome/high-functioning autism, males and females, scientists and mathematicians. *Journal of Autism and Developmental Disorders*, 31, 5–17.

Carter, A. S., Davis, N. O., Klin, A., & Volkmar, F. R.（2005）．Social development in autism. In F. R. Volkmar, R. Paul, A. Klin, & D. Cohen (Eds.), *Handbook of autism and pervasive developmental disorders: Vol. 1. Diagnosis, development, neurobiology, and behavior*. Hoboken, NJ: John Wiley & Sons.

Coll, M-P., Viding, E., Rütgen, M., Silani, G., Lamm, C., Catmur, C., & Bird, G.（2017）．Are we Really Measuring Empathy? Proposal for a New Measurement Framework. *Neuroscience and Biobehavioral Reviews*, 83, 132-139.

Davis, M. H.（1983）．Measuring individual differences in empathy: Evidence for a multidimensional approach. *Journal of Personality and Social Psychology*, 44, 113–126.

De Waal, F. B. M., Preston, S. D.（2017）．Mammalian empathy: behavioural manifestations and neural basis. *Nature Reviews Neuroscience*, 18, 498–509.

池上英子．(2017)．ハイパーワールド：共感しあう自閉症アバターたち．東京：NTT出版．

井関龍太．(2004)．テキスト理解におけるオンライン処理メカニズム：状況モデル構築過程に関する理論的概観．心理学研究，75, 442-458．

市川拓司．(2016)．*ぼくが発達障害だからできたこと*．東京：朝日新聞出版．

鹿子木康弘．(2013) 共感・同情行動の発達的起源．ベビーサイエンス，13, 26-35．

加藤浩平．(2016)．テーブルトーク・ロールプレイングゲーム（TRPG）を活用した社会的コミュニケーションの支援．藤野　博（編著），*発達障害のある子の社会性とコミュニケーションの支援*（pp.94-100）．東京：金子書房．

Komeda, H. (2015). Similarity hypothesis: Understanding of others with autism spectrum disorders by individuals with autism spectrum disorders. *Frontiers in Human Neuroscience*. 9, 124.

米田英嗣．(2015)．自閉症スペクトラム障害（自閉スペクトラム症）榊原洋一・米田英嗣（編）*発達科学ハンドブック8巻「脳の発達科学」*（268-275）．東京：新曜社．

米田英嗣．(印刷中)．自閉スペクトラム児者同士の共感　藤野　博・東條吉邦（編）*発達科学ハンドブック10巻「自閉スペクトラムの発達科学」*．東京：新曜社．

Komeda, H., Kosaka, H., & Okazawa H. (2017). Empathy and helping behaviors in narrative comprehension: Comparison between adults with autism spectrum disorder and typically developing adults. *Proceedings of the 27th Annual Meeting of the Society for Text and Discourse*（Philadelphia, USA）.

Komeda, H., Kosaka, H., Saito, D. N., Inohara, K., Munesue, T., Ishitobi, M., et al. (2013a). Episodic memory retrieval for story characters in high-functioning autism. *Molecular Autism*, 4, 20.

Komeda, H., Kosaka, H., Saito, D. N., Mano, Y., Fujii, T., Yanaka, H., Munesue, T., Ishitobi, M., Sato M, & Okazawa H. (2015). Autistic empathy toward autistic others. *Social Cognitive and Affective Neuroscience*, 10, 145-152.

Komeda, H., Tsunemi, K., Inohara, K., Kusumi, T., & Rapp, D. N. (2013b). Beyond disposition: The processing consequences of explicit and implicit invocations of empathy. *Acta Psychologica*, 142, 349-355.

米田英嗣・柳岡開地・小山内秀和・子安増生．(投稿中)．自閉スペクトラム症を持つ児童による自閉スペクトラム症を持つ登場人物の物語理解．*日本発達心理学会 第29回大会*

Mitchell, J. P., Macrae, C. N., Banaji, M. R. (2006). Dissociable medial prefrontal contributions to judgments of similar and dissimilar others. *Neuron*, 50, 655–63.

日戸由刈・藤野　博．(2017)．自閉症スペクトラム障害児者の友人・仲間関係に関する研究動向と課題．*東京学芸大学紀要総合教育科学系Ⅱ*, 68, 283-296．

日戸由刈・萬木はるか・武部正明・本田秀夫．(2010)．アスペルガー症候群の学齢児に対する社会参加支援の新しい方略―共通の興味を媒介とした本人同士の仲間関係形成と親のサポート体制づくり．*精神医学*, 52, 1049-1056．

Saldana, D., & Frith, U. (2007). Do readers with autism make bridging inferences from world knowledge? Journal of Experimental Child Psychology, 96, 310-319.

Wechsler, D. (2003). *WISC-IV technical and interpretive manual*. San Antonio, TX: Psychological Corporation.

Zwaan, R. A., & Rapp, D. N. (2006). Discourse comprehension. In M. A. Gernsbacher, & M. J. Traxler, (Eds.) *Handbook of psycholinguistics, 2nd Edition.* (pp. 725-764). Elsevier, San Diego, CA.

第Ⅳ部　トピックス

第12章　手話と聴覚障害児のコミュニケーションの発達

高嶋由布子

1　はじめに

　聴覚障害は言語発達にとって，重大な影響を及ぼす障害のひとつである。聴覚障害を持つ子どものうち，1割以下ではあるが産まれつき手話環境にあるネイティブサイナー（native signer，手話を母語とする人の意）がいる。彼らは親も手話を用いるろう者で，出生時から手話環境にあり，手話の発達と言語に伴う認知発達は定型発達児と変わらないマイルストーンを踏む（Newport & Meier, 1985）。しかし残り9割以上の聴覚障害児は，親子コミュニケーションに困難が生じ，言語発達の遅れを免れない。

　2000年代以降，新生児聴覚スクリーニングが普及し，聴覚障害の発見，支援開始が早期化した。人工内耳適用手術は2014年には1歳から可能になった。「これで親子コミュニケーションが確保できるし，手話は利用する意味がない，手話を使うと聴覚活用を邪魔する」と主張する人々と，「手話をすべての聴覚障害児に補償すべき」という主張が対立している。手話も音声言語と同等の言語なのだが，手術などを受ける前でさえ手話を避ける十分な理由はあるのだろうか。

　さらに，言語発達と相関関係があるとされる認知発達がある。定型発達児は，4-6歳で「心の理論」の発達指標のひとつである一次誤信念課題をパスする（第5章参照）。しかし，言語獲得前からの重度聴覚障害児は，現在でも8-10歳で半数強しか一次誤信念課題にパスしていない（Fujino, Fukushima & Fujiyoshi, 2017）。自閉症児の研究から，言語力と誤信念課題の通過率に相関関係があることが示されており，聴覚障害児の誤信念課題の通過率の低さは言語能力と関係があると考えられる。これはどのような言語能力なのだろうか。

2 手話が「言語」であること

(1) ろう児教育の歴史と手話

1960年代以降,アメリカ手話がコミュニケーションの代替手段ではなく音声言語と同じ自然言語であることが明らかにされ(Stokoe, 1960),アメリカ手話の言語権をという動きが当事者や言語学者を中心に展開された。2001年,国連障害者の権利に関する条約で手話が言語と明記された。日本でも1990年代半ば以降は,多くのろう学校で手話が用いられるようになった(我妻, 2008)。また,障害者基本法(2011年改正)のほか,地方自治体でも「手話を言語として認める」ことを宣言する「手話言語条例」を定める動きが広がっている。

歴史を振り返ってみると,1880年のミラノ会議で欧米を中心に聴覚障害児教育は口話教育に舵を切り,日本でも1933年の全国聾学校校長会議で口話法が推奨されることになった。この時代,手話は代替的コミュニケーション手段にすぎないとみなされ,手話を使用すると音声言語に集中しなくなるという理由で,多くのろう学校で手話が禁じられた。一方で,ろう学校の寄宿舎では手話が受け継がれ,戦後,当事者運動の先駆けとなったろうあ運動により手話通訳の制度化がはじまった。1990年代,アメリカのろう運動に学び,日本手話が日本語と対等の言語であり,異なる文法を持つと気づいたろう者たちは,ろう者たちが言語的少数者であることを主張した(木村・市田, 1995)。また,ろう児を持つ親たちが「ろう教育に手話の導入を」と2003年に人権救済申し立てをしたのも,日本手話であった(全国ろう児をもつ親の会, 2008)。

日本手話は日本語と異なる言語であるため,聴者の教師や,ろう児を持った親は習得に時間がかかる。現状では手話を導入している聴覚特別支援学校(ろう学校)では,日本語対応手話という,日本語を話しながら補助的に手指で補う形式の手話が用いられていることがほとんどである。また,多くの聴覚障害児たちは,補聴器や人工内耳を装用し,普通校の普通級や難聴学級に通っている。特筆すべきなのは,2008年に東京都品川区に私立のろう学校,明晴学園が開校したことである。ここではバイリンガル・バイカルチュラル教育を掲げて,日本手話と書記日本語による教育が行われている(クァク, 2017)。

（2）日本語と日本手話と日本語対応手話

　さて，日本語と日本手話と日本語対応手話はどのように異なるのだろうか。日本手話はそれを取り巻く音声言語である日本語と語順は似ている。一方で，手話言語らしい特徴として空間使用，同時調音の非手指要素も備えている。日本手話を第一言語とする大人のろう者が日本語で苦手とするのは，助詞，副詞，文末表現である。これらは日本手話と日本語の違いから説明できる。

　日本語の「が，を，に」などの格助詞が担っている格関係は，日本手話では動詞の種類によって異なるが，基本的に空間上に表される。日本語の文末に現れる疑問文マーカー「ですか」のようなものは，非手指要素といって，手指単語と同時に顔の表情や首・顎の角度や動き，姿勢で表される（木村・市田，2014）。

　これまでに音声英語とアメリカ手話で，同じ内容を表現する時間は同じくらいだが，手話は音声言語より調音器官が大きいため，非手指要素を足した時間あたりの情報量が同等だとわかっている（Wilbur & Petersen, 1998）。日本手話はアメリカ手話と同じく，手指要素と同時に非手指要素を重ねていくが，日本語を手指で表す日本語対応手話では，助動詞や副詞も語彙を手指表現で追加する。このため日本語と同じ内容を同じ速度で表現するのは難しい。また，日本手話を母語にする者にとっては，日本手話では非手指で区別される単語なども日本語対応手話では付加されている音声日本語の口型を読む必要があり，理解に労力がかかる（木村，2011）。

3　手話−口話論争と人工内耳

　日本では，2000年以降，新生児聴覚スクリーニングが大規模に実施されるようになった。このことで先天的な聴覚障害は新生児期に発見されることになり，医療的な対応は早期化した。小児への人工内耳手術は1998年に始まり，2014年には1歳以上で手術が行えるようになった。言語発達にとっての最初の数年は重要なので，手術が早期化するほど，効果は上がると予想できる。

　聴覚障害の診断後に親がまず頼る医療関係者は，手話を用いないことを勧め

るかもしれない。クラールは，脳の可塑性と言語音に対する敏感期・臨界期の存在について，猫やマウスの実験を根拠に，早く人工内耳手術をしなければ，脳が聴覚刺激に反応しにくくなると発表した（Kral, 2013）。最近ではギアースらが，人工内耳を適用した場合，家庭で手話を用いない方が，言語発達指標が良いと主張した（Geers et al., 2017）。しかし，ギアースらの論文では，手話使用と言語発達指標の相関関係は捉えているが因果関係の解釈は異論が残る。人工内耳が絶対的な成功率を誇っているわけではなく，「人工内耳での音声言語習得がうまくいかないから，手話を用いる」というケースは多いのに，「手話を用いたから人工内耳への適応がうまくいかない」と因果関係を逆転して相関関係を読んでいる。この指摘はこの論文へのコメントに多数寄せられている。

　人工内耳以前から，手話は口話法がうまくいかないとわかったあとでよいという考え方は根強い。人工内耳への適応には脳の可塑性を主張するのに，手話は遅れてよいというのは矛盾している。手話が言語でないという理由は現代では通用しない。ギアースらの主張を信じてしまうと，人工内耳がうまく行かない場合，手話も音声言語もない時期が3-5歳，あるいはもっと遅くまで続く可能性があり，これは言語の臨界期を考えると「言語剝奪」ということになる。

　手話研究者やろう者が手話の早期導入を主張するのは，手話が言語だというだけでなく，言語剝奪に遭ってきた人たちがいるからだ。音声言語獲得前に失聴し，アメリカ手話を遅れて習得した聴覚障害者は，アメリカ手話の使用年数が長くなっても，アメリカ手話の文法性判断や復唱課題で母語話者や早期手話習得者より劣り，第二言語である英語の読み書きも芳しくない（Mayberry, 2007）。この第一言語の習得の遅れには取り戻せない臨界期があるのである。

　また，人工内耳を装用したアメリカ手話のネイティブサイナーのろう児が英語の発達において良好な経過を示し，手話が音声言語習得を妨げていないことが明らかになっている（Davidson, Lillo-martin, & Pichler, 2014）。

　以上のことから，ろう教育に関する倫理的問題についての論文でも，「人工内耳の手術をするにしても，うまくいかない可能性を鑑み，どの聴覚障害児にも手話言語を習得する権利を守るべき」という結論が示された。人工内耳推進派は選択と集中を促しがちだが，それが失敗した時に，言語剝奪が起こることは，重大な人権侵害である（Humphries et al., 2014; Mellon et al., 2015）。

しかし，現在まで手話に触れたことがなかった親が，我が子が聞こえないとわかってから，急に手話を学ぶのは難しい。これには，支援者を家庭に送り込むのが有効である。たとえばアメリカのニューメキシコ州では早期介入支援として，聴覚障害と診断された子の家庭に，専門家からの連絡が行き，家庭訪問での支援が週1回受けられる。さらに手話が流暢なろう者がメンターとして週1回家庭訪問するプログラムも利用できる。SKI-HI早期介入プログラムに則り，普段の生活のなかに取り込める手話表現を教え，発達診断をし，音声言語・書記言語習得において家庭でできる課題を設定し，教材を貸し出すなど，多岐にわたる支援を，6歳まで公費で受けられる。日本では，難聴児の発見は早期になったが早期支援の人材や方略が整っていないとの指摘がある（廣田，2013）。

4　心の理論の発達とコミュニケーション

　聴覚障害児の問題が顕在化するのは9歳ごろで，本邦では「9歳の壁」という用語が定着している。このころの定型発達児の言語と認知の発達は語用論的発達の重要な時期で，他者の情報を参照しながら談話を組み立てられるようになる。聴覚障害児の「9歳の壁」は，論理的組み立てや抽象的思考の発達の行きづまり感が「壁」というメタファーで説明されたものである（脇中，2013）。また，学齢期の問題として，社会性の問題も顕在化してくる。脇中は大人の聴覚障害者でも論理破綻していたり，独善的だったりする人がいると指摘しているが，聴覚障害者の職場でのトラブルはよく知られており，転職率も高い。

　日本での近年の大規模調査報告では，言語獲得前からの重度難聴児は，10歳ごろで一次誤信念課題の通過率が60％という結果が出ている（Fujino et al., 2017）。シックらの調査では，ネイティブサイナーの子供は一次誤信念課題については定型発達児と変わらない様相を示している（Schick et al., 2007）。この誤信念課題は自閉症児も苦手だが，言語力が伸びるとできるようになるというが，聴覚障害児では，言語力だけが問題なのだろうか。

　ネイティブサイナーのろう児でも，聴児に囲まれたインテグレーション環境であれば，ピアとのコミュニケーションが乏しくなるという問題がある。イタリア，エストニア，スウェーデンのネイティブサイナーのろう児を調査したメ

リストらは，手話環境のある学校に通ってピアとのコミュニケーションが豊かな環境にある群と，口話のみでインテグレーション教育を受けている群で4-12歳という期間を定型発達児と比較した。前者は心の理論課題で定型発達児と同等の結果を見せるが，後者では定型発達よりは劣るという結果であった（Meristo et al., 2007）。先のシックらの実験は，定型発達児でも4-6歳で通過する一次誤信念課題であり，家庭での言語発達の成果といえる。しかし，メリストらの実験には学齢期に発達する二次誤信念課題も含まれている。従って，学齢期の心の理論の発達には，ピアとのコミュニケーションが重要だということが示唆されている。

語用論的発達について，口話教育を受けている聴覚障害児の対話では，内容の確認が多くスムーズでないことが報告されている（Most, Shina-August, & Meilijson, 2010）。人工内耳早期装用や技術の向上により解決すると楽観視する人々もいるが，ろう児がピアと自由で対等にコミュニケーションが取れるのは手話だろう。ろう児にとって，ろう児・ろう者が集まる場に参加し，フル・アクセスできる会話に参加する経験は重要だと考えられる。

また，言発発達の良し悪しは，自尊心，生活の質，問題行動などと関係があり，聴覚障害児では親と子の言語が一致していないと問題が大きくなることが指摘されている（Hintermair, 2016）。上農は手話を否定し口話を熱心に教育する親を持ち，ある程度口話力が高まった難聴児が，アイデンティティ形成に困難を抱えることを指摘している（上農，2003）。

5 おわりに

手話－口話論争は，手話－人工内耳の対立となり現在まで続いている。聴覚障害の子を持った親は，子の言語を選ぶことになる。この決断は，幼少期の言語獲得だけではなく，心の理論の発達，アイデンティティや自尊心の発達，その後の就業などに影響が及ぶ。自分で決定できない年の子どもに対する選択は，できるだけ多くの選択肢を子供に残しておくのが倫理的な判断だろう。金澤のいうように，ろう者という当事者コミュニティの大人達が，手話を与えて欲しかったと考えていることを，親や支援者は知るべきである（金澤，2013）。

また，補聴手段を用いても，親が手話話者であっても，インテグレーション環境では聴覚障害児はコミュニケーション経験が乏しくなりがちであり，心の理論の発達の遅れにつながっている。学業面での遅れもさることながら，こうした言語に基づく社会性の発達に影響があることは，人生そのものに影響を及ぼすため，よりよい支援方法を今後も模索していくことが必要だろう。

【文　献】

我妻敏博．(2008)．聾学校における手話の使用状況に関する研究(3)．*ろう教育科学*, 50(2), 27–41.

Davidson, K., Lillo-martin, D., & Pichler, D. C. (2014). Spoken English language development among native signing children with cochlear implants. *Journal of Deaf Studies and Deaf Education*, 19 (2), 238-250.

Fujino, H., Fukushima, K., & Fujiyoshi, A. (2017). Theory of mind and language development in Japanese children with hearing loss. *International Journal of Pediatric Otorhinolaryngology*, 96, 77-83.

Geers, A. E., Mitchell, C. M., Warner-Czyz, A., Wang, N.-Y., Eisenberg, L. S., & the CDaCI Investigation Team. (2017). Early sign language exposure and cochlear implantation benefits. *Pediatrics*, 140 (1).

Hintermair, M. (2016). The role of language in deaf and hard-of-hearing children's social-emotional development. In M. Marschark & P. E. Spencer (Eds.), *The Oxford handbook of deaf studies in language*. Oxford, Oxford University Press.

廣田栄子．(2013)．乳幼児難聴の聴覚医学的問題「早期診断と早期療育における問題点」．*Auditory Japan*, 56, 199-211.

Humphries, T., Kushalnagar, P., Mathur, G., Napoli, D. J., Padden, C., & Rathmann, C. (2014). Ensuring language acquisition for deaf children: What linguists can do. *Language*, 90 (2), e31-e52.

金澤貴之．(2013)．*手話の社会学：教育現場への手話導入における当事者性をめぐって*．東京：生活書院．

木村晴美・市田泰弘．(2014)．*[改訂新版]はじめての手話：初歩からやさしく学べる手話の本*．東京：生活書院．

木村晴美．(2011)．*日本手話と日本語対応手話(手指日本語)：間にある「深い谷」*．東京：生活書院．

木村晴美・市田泰弘．(1995)．ろう文化宣言―言語的少数者としてのろう者．*現代思想*, 23(3), 354-362.

Kral, A. (2013). Auditory critical periods: a review from system's perspective. *Neuroscience*, 247, 117–133.

クァク・ジョンナン．(2017)．*日本手話とろう教育：日本語能力主義をこえて*．東京：生活書院．

Mayberry, R. I. (2007). When timing is everything: Age of first-language acquisition effects on second-language learning. *Applied Psycholinguistics*, 28 (3), 537-549.

Mellon, N. K., Niparko, J. K., Rathmann, C., Mathur, G., Humphries, T., Napoli, D. J., … Lantos, J. D. (2015). Should all deaf children learn sign language? *Pediatrics*, 136 (1), 170-176.

Meristo, M., Falkman, K. W., Hjelmquist, E., Tedoldi, M., Surian, L., & Siegal, M. (2007). Language access and theory of mind reasoning: Evidence from deaf children in bilingual and oralist environments. *Developmental Psychology*, 43 (5), 1156-1169.

Most, T., Shina-August, E., & Meilijson, S. (2010). Pragmatic abilities of children with hearing loss using cochlear implants or hearing aids compared to hearing children. *Journal of Deaf Studies and Deaf Education*, 15 (4), 422-437.

Newport, E. L., & Meier, R. P. (1985). The acquisition of American Sign Language. In D. I. Slobin (Ed.), *The cross-linguistic study of language acquisition: The data (Vol. 1)* (pp. 881-938). Hillside: Lawrence Erlbaum Associates.

Schick, B., de Villiers, P., de Villiers, J., & Hoffmeister, R. (2007). Language and theory of mind: a study of deaf children. *Child Development*, 78 (2), 376-396.

Stokoe, W. C. (1960). Sign language structure: An outline of the visual communication systems of the American deaf. *Studies in Linguistics Occasional Papers*, 8. Buffalo, University of Buffalo.

上農正剛. (2003). *たったひとりのクレオール*. 東京：ポット出版.

脇中起余子. (2013). *「9歳の壁」を超えるために：生活言語から学習言語への移行を考える*. 京都：北大路書房.

Wilbur, R. B., & Petersen, L. (1998). Modality interactions of speech and signing in simultaneous communication. *Journal of Speech, Language, and Hearing Research*, 41 (1), 200–212.

全国ろう児をもつ親の会. (2008). *バイリンガルでろう児は育つ：日本手話プラス書記日本語で教育を！*. 東京：生活書院.

■著者紹介（執筆順）

藤野　博	（ふじの・ひろし）	編者・東京学芸大学教育学部 教授
小林春美	（こばやし・はるみ）	東京電機大学理工学部 教授
長崎　勤	（ながさき・つとむ）	実践女子大学生活科学部 教授
松井智子	（まつい・ともこ）	東京学芸大学国際教育センター 教授
小山　正	（こやま・ただし）	神戸学院大学人文学部 教授
大伴　潔	（おおとも・きよし）	東京学芸大学教育実践研究支援センター 教授
高橋　登	（たかはし・のぼる）	大阪教育大学教育学部 教授
本郷一夫	（ほんごう・かずお）	東北大学大学院教育学研究科 教授
李　熙馥	（い・ひぼく）	国立特別支援教育総合研究所 研究員
米田英嗣	（こめだ・ひでつぐ）	京都大学白眉センター 特定准教授
高嶋由布子	（たかしま・ゆふこ）	日本学術振興会 特別研究員 RPD（東京学芸大学）

※所属は執筆時

監修者紹介

本郷一夫（ほんごう・かずお）

　東北大学大学院教育学研究科教授。博士（教育学）。東北大学大学院教育学研究科博士後期課程退学。東北大学大学院教育学研究科助手，鳴門教育大学学校教育学部講師，同大学助教授，東北大学大学院教育学研究科助教授を経て現職。専門は発達心理学，臨床発達心理学。現在は，社会性の発達とその支援に取り組んでいる。主な著書に『幼児期の社会性発達の理解と支援―社会性発達チェックリスト（改訂版）の活用』（編著・北大路書房，2018），『認知発達とその支援』（共編著・ミネルヴァ書房，2018），『認知発達のアンバランスの発見とその支援』（編著・金子書房，2012），『「気になる」子どもの保育と保護者支援』（編著・建帛社，2010），『子どもの理解と支援のための発達アセスメント』（編著・有斐閣，2008）など。

編著者紹介

藤野　博（ふじの・ひろし）

　東京学芸大学教育学部教授。博士（教育学）。東北大学大学院教育学研究科博士前期課程修了。川崎医療福祉大学講師，東京学芸大学講師，同大学助教授（准教授）を経て，現職。専門はコミュニケーション障害学，臨床発達心理学。現在は，発達障害児・者の社会性とコミュニケーションの発達の問題に取り組んでいる。主な著書に，『発達障害の子の「会話力」を楽しく育てる本』（監修・講談社，2017）『発達障害のある子の社会性とコミュニケーションの支援』（編著・金子書房，2016）『発達障害の子の立ち直り力「レジリエンス」を育てる本』（監修・講談社，2015），『自閉症スペクトラム　SSTスタートブック』（編著・学苑社，2010），『障がいのある子との遊びサポートブック』（編著・学苑社，2008）など。

シリーズ 支援のための発達心理学
コミュニケーション発達の理論と支援
2018年4月13日　初版第1刷発行　　　　　　　　　　　　［検印省略］

監修者	本　郷　一　夫
編著者	藤　野　　　博
発行者	金　子　紀　子
発行所	㈱ 金　子　書　房

〒112-0012　東京都文京区大塚3-3-7
　　　　　　TEL　03-3941-0111㈹
　　　　　　FAX　03-3941-0163
　　　　　　振替　00180-9-103376
　URL　http://www.kanekoshobo.co.jp

印刷／藤原印刷株式会社　製本／株式会社宮製本所
装丁・デザイン・本文レイアウト／mammoth.

© Hiroshi Fujino, et al.,2018
ISBN978-4-7608-9571-7　C3311　Printed in Japan

金子書房の発達障害・特別支援教育関連書籍

子どもの特性や持ち味を理解し、将来を見据えた支援につなぐ
発達障害のある子の自立に向けた支援
――小・中学生の時期に、本当に必要な支援とは?

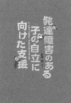

萩原 拓 編著　　A5判・184頁　本体1,800円+税

通常学級にいる発達障害のある子どもが、将来社会に出て困らないための理解や支援のあり方を紹介。学校でできる支援、就労準備支援、思春期・青年期に必要な支援などを、発達障害支援・特別支援教育の第一線で活躍する支援者・研究者・当事者たちが執筆。好評を得た「児童心理」2013年12月号臨時増刊の書籍化。

CONTENTS
- 第1章　総論・発達障害のある子の将来の自立を見据えた支援とは
- 第2章　発達障害の基礎知識・最新情報
- 第3章　支援のために知っておきたいこと
　　　――発達障害のある成人たちの現在
- 第4章　自立に向けて学校でできる支援
- 第5章　思春期・青年期における支援の実際
- 第6章　自立・就労に向けて
- 第7章　発達障害のある子の家族の理解と支援

K 金子書房

自閉スペクトラム症のある子への性と関係性の教育
具体的なケースから考える思春期の支援

川上ちひろ 著　　A5判・144頁　本体1,800円+税

中京大学教授　辻井正次先生 推薦!

「性」の領域は、タブーや暗黙のこととされることが多く、発達障害の子どもたちにとって指導が必要な領域です。本書は、通常学級などに在籍する知的な遅れのない発達障害の子どもたちを対象に、「性」の問題を、そこにいる他者との「関係性」のなかで、どう教えていくのかについての実践的な内容が書かれています。多くの子どもたちと保護者・教師を助けてくれる1冊となるでしょう。

主な内容

第Ⅰ部　思春期のASDのある子どもの性と関係性の教育について
「性と関係性の教育」とは何か/思春期を迎えたASDのある子どもの性的文脈の関係の複雑さ/従来の「性教育」「性の捉え方」からの脱却/ASDのある子どもの性と関係性に関わる問題行動について/家族や支援者の悩み・陥りやすい間違った関わりについて/ほか

第Ⅱ部　具体的ケースから考える――ASDのある子どもの性と関係性の教育・支援
男女共通・どの年代でもあてはまる話題/とくに思春期の女子にあてはまる話題/とくに思春期の男子にあてはまる話題

金子書房の心理検査

自閉症スペクトラム障害(ASD)アセスメントのスタンダード

自閉症スペクトラム評価のための半構造化観察検査

ADOS-2 日本語版

導入ワークショップ開催!

C. Lord, M. Rutter, P.C. DiLavore, S. Risi,
K. Gotham, S.L. Bishop, R.J. Luyster, &
W. Guthrie 原著

監修・監訳：黒田美保・稲田尚子

［価格・詳細は金子書房ホームページをご覧ください］

検査用具や質問項目を用いて、ASDの評価に関連する行動を観察するアセスメント。発話のない乳幼児から、知的な遅れのない高機能のASD成人までを対象に、年齢と言語水準別の5つのモジュールで結果を数量的に段階評価できます。DSMに対応しています。

〈写真はイメージです〉

自閉症診断のための半構造化面接ツール

ADI-R 日本語版

■対象年齢：精神年齢2歳0カ月以上

Ann Le Couteur, M.B.B.S., Catherine Lord, Ph.D., &
Michael Rutter, M.D., F.R.S. 原著

ADI-R 日本語版研究会 監訳
［土屋賢治・黒田美保・稲田尚子　マニュアル監修］

- プロトコル・アルゴリズム
  （面接プロトコル1部、包括的アルゴリズム用紙1部）…本体 2,000円+税
- マニュアル ……………………………………… 本体 7,500円+税

臨床用ワークショップも開催しております。

ASD関連の症状を評価するスクリーニング質問紙

SCQ 日本語版

■対象年齢：暦年齢4歳0カ月以上、
　　　　　　精神年齢2歳0カ月以上

Michael Rutter, M.D., F.R.S., Anthony Bailey, M.D.,
Sibel Kazak Berument, Ph.D., Catherine Lord, Ph.D., &
Andrew Pickles, Ph.D. 原著

黒田美保・稲田尚子・内山登紀夫 監訳

- 検査用紙「誕生から今まで」(20名分1組) ……… 本体 5,400円+税
- 検査用紙「現在」(20名分1組) ………………… 本体 5,400円+税
- マニュアル ……………………………………… 本体 3,500円+税

※上記は一定の要件を満たしている方が購入・実施できます。
　詳細は金子書房ホームページ (http://www.kanekoshobo.co.jp) でご確認ください。

シリーズ 支援のための発達心理学

――― 本郷一夫◎監修

既刊

コミュニケーション発達の理論と支援
藤野　博 編著

本体 1,500円＋税／A5判・128ページ

実践研究の理論と方法
本郷一夫 編著

本体 1,500円＋税／A5判・128ページ

刊行予定

※いずれも、予価1,500円＋税，予定ページ数128ページ。
※タイトルはいずれも仮題です。

◆知的発達の理論と支援
湯澤正通 編著

◆情動発達の理論と支援
遠藤利彦 編著

◆愛着関係の発達の理論と支援
米澤好史 編著

◆自己制御の発達と支援
森口佑介 編著

◆生態としての情動調整 ―― 心身理論と発達支援
須田　治 編著

◆生涯発達の理論と支援
白井利明 編著